BANGLADESH

La grâce des rencontres

© L'Harmattan, 2011
5-7, rue de l'Ecole polytechnique ; 75005 Paris

http://www.librairieharmattan.com
diffusion.harmattan@wanadoo.fr
harmattan1@wanadoo.fr

ISBN : 978-2-296-14029-5
EAN : 9782296140295

Paul Kohler

BANGLADESH

La grâce des rencontres

L'Harmattan

Ouvrages du même auteur :

- *Lettre à moi-même*, épuisé
- *Merveilleux et Infortuné Peuple Bengali*, épuisé
- *Paysages d'homme*, épuisé
- *Le Pauvre Magnifique*, épuisé
- *Bois de Cœur*, épuisé
- *Le Perpétuel et son bruit de Source*, disponible
- *La Lune d'Eau*, épuisé
  Prix Alsatique du Conseil Général du Haut Rhin
- *Le Regard des Humbles*, préfacé par l'Abbé Pierre, disponible
- *Bergers des ruines*, disponible
- *Paysages intimes*, disponible
- *Adieu ma terre, bidonville de Tejgaon, Bangladesh*, disponible
- *Voleur d'images*, disponible

**Tous ces ouvrages sont publiés en auto édition
et disponibles à :**

**Association Humanitaire Parcours,
21 rue Principale, 68210 ETEIMBES**
Site : http://pagesperso-orange.fr/association.parcours/

La recette des publications est intégralement
transférée au Bangladesh.

Ô monde, j'ai cueilli ta fleur !
Je l'ai pressée contre mon cœur
Et son épine m'a piqué.

Au sombre déclin du jour
La fleur s'est fanée,
Mais la douleur a persisté.

Le Jardinier d'amour
Rabindranath Tagore

Que de regards et de rencontres.
Que de curiosité réciproque et de proximités silencieuses.
Que de compassion et d'affection encore et toujours présentes.

Pourquoi alors ce sentiment d'abandon, ce regret de n'être demeuré, de n'avoir su accepter le partage tel qu'exprimé en un seul souhait : « Restez ! »

Comment ne pas être solidaire des réalités qui m'entourent ?
Comment ne pas être bouleversé par tant de dignité, sans gémissement, sans dépression ?
Comment ne pas souhaiter partager ce qui, en moi, naît du simple bonheur d'être ?

Que d'urgence à vivre dans l'intensité du "maintenant", dans l'accueil de la joie, étrangère à toute forme de pensée, à tout dogme et à toute doctrine.
Cette joie, cette force, exprimées si souvent par les hommes et les femmes les plus désemparés et dans les situations les plus inattendues, sont probablement le pur jaillissement de la vie, si proche de la terre-mère et de la nature nourricière.
Sans doute permettent-elles, à ceux dont l'existence est contrainte et sans appel, l'acceptation des réalités les plus difficiles et des soumissions les plus cruelles.
Puisse notre vie être relation, exprimer la rencontre et tendre, à certaines heures au moins, vers l'harmonie.

Faut-il cultiver solitude et silence pour apprendre les hommes ?
Faut-il s'en aller, changer de continent, pour mieux les comprendre ?
Faut-il approcher leurs souffrances pour tenter de les aimer ?

Je ne sais, mais les retours m'enseignent que partir est réellement mourir un peu... et renaître beaucoup.

Si le voyage installe la distance, il révèle un autre regard sur soi et une proximité nouvelle aux êtres et aux choses.
Le quotidien, contraint par nos multiples rigidités et soumis à nos insatiables désirs, ne sait guère favoriser notre étonnement.

Les perceptions nouvelles sont questionnements. Elles éveillent notre réflexion et atteignent notre sensibilité au-delà de la conscience que nous en avons.

Si nous les accompagnons, elles éveillent en nous l'essentiel. Il est singulier à chacun, selon son lieu et son heure, sur son chemin personnel.

Qui suis-je ? Qui es-tu ? Où vais-je ? Où vas-tu ? ont été mes interrogations tout au long de multiples voyages.

Elles m'ont accompagné en Asie, au fil du lent déroulement des rizières et des traversées de villages, dans les trains et dans les bus, lors des nombreuses rencontres et des rares heures de silence.

D'inévitables nostalgies m'ont habité, d'inaccessibles voeux m'ont fleuri et d'inacceptables souffrances m'ont endeuillé.

Nulle part ailleurs que sur le sol des huttes ou au pied de la meule de paille, nulle part ailleurs qu'au bord du Gange et du Brahmapoutre ne me suis-je senti autant porté et grandi en humanité. C'est en ces lieux d'abondance et de dénuement, de puissance et de dérision, que la ferveur de vie et la densité de coeur furent les plus intenses.

Encore maintenant, la vie, comme à son commencement, semble jaillir du fleuve. Incandescente, elle révèle une virginité tout ancrée dans la genèse de l'Etre.

M'a visité sans cesse, au cours des multiples rencontres dans les déserts de sable et dans l'écheveau des fleuves, sur le damier des rizières ou dans la jungle des collines, une innocence originelle surgissant d'une indicible profondeur.

Elle s'est offerte dans le creux de la tendresse, sans nul besoin de tendre la main.

Appelle-t-on cette harmonie la beauté, cette incandescence, l'amour ? Les hommes et les femmes de la plaine et des collines, de l'eau et de la forêt, expriment la beauté, une force et une joie inattendues en pareille précarité.
Cette force, est-elle issue de la profondeur des horizons, de l'insoumission des fleuves, de la folie des cyclones et du soulèvement de la mer qui les accompagnent ?
Vient-elle de l'obligation de ne pouvoir, pour un grand nombre, compter que sur eux-mêmes et de n'espérer ni secours, ni consolation ?

Cette joie, naît-elle du seul fait d'exister en dépit de tout ce qui s'y oppose : l'inondation, la maladie, la faim et la mort précoce ?
Est-elle le fruit des traditions hindoues, bouddhistes et musulmanes conjuguées, sédimentées par les siècles et préservant, pour quelque court temps encore, ces hommes des tentations de ce monde ?

Cette force et cette joie semblent lovées dans leur liberté, tissée de dénuement et d'acceptation. Prêtes à jaillir, elles éclosent dans la complicité d'un regard ou dans la spontanéité d'un geste.

Elles sont la puissance du pauvre.
Elles se transmettent et m'habitent à chaque voyage. Elles m'accompagnent lors des rencontres éprouvantes, des nuits difficiles et dans les situations hasardeuses.

Elles tempèrent aussi ma souffrance de témoin impuissant de tant de naufrages.

Il me plaît de dédier cet ouvrage à celles et ceux qui m'ont hébergé en leur cabane, qui se sont prêtés ou offerts à la rencontre et dont l'évocation se lit avec le coeur.
Puisse le lecteur partager leur spontanéité ou leur gravité, leur sobriété ou leur joie.

L'ouvrage se divise en deux parties :

Bergers du fleuve
Regards et rencontres

Elles sont suivies d'un chapitre sur les transports et d'une présentation du pays.

Le centre du Bangladesh m'est le plus familier pour y avoir séjourné à plusieurs reprises. Ces terres instables, appelées Chars, se situent sur la Jamuna - dénomination du Brahmapoutre lors de sa jonction avec le Gange -, dans le district de Tangail.
Au sud-ouest du pays, sur le fleuve près de Mongla, à hauteur des Sundarbans, j'ai rencontré d'autres pêcheurs et agriculteurs. En raison de la salinité des terres, régulièrement dévastées par les cyclones, l'unique récolte annuelle est aléatoire et fort médiocre. Ici et ailleurs, l'on survit difficilement.

La première partie illustre ces séjours et rencontres.

Sur la frontière nord-est avec l'Inde, j'ai découvert les populations aborigènes dites tribales, les Khasias. Elles vivent en forêt, en retirent le bambou et la feuille de bétel. De la rivière Meghna, elles extraient les très rares pierres du Bangladesh amenées d'Inde lors des moussons.
La plupart des tribus Mandis-Garos habite la forêt de Modhupur, proche de Mymensingh. Mon séjour parmi eux fut très heureux.
Puis j'ai migré plein sud-est à la rencontre d'autres tribus « adivasi », les groupes ethniques Marmas et Mrus habitant les collines à l'est des villes de Chittagong et de Cox's Bazar, entre la côte du Golfe du Bengale et la frontière de Myanmar (ex-Birmanie).

Ces vécus sont relatés dans la seconde partie.

Une incursion dans le nord-ouest du pays m'a laissé le souvenir d'une grande pauvreté.

Le régulier passage par la capitale Dhaka, gouffre humain et noeud économique, est inévitable.
Y séjourner dans les conditions locales, y observer la réalité sans trop s'en protéger ou la percevoir sans trop l'analyser, provoque un choc qui s'apparente à un traumatisme.
Bien que ce sujet ne soit pas l'objet de ce livre, j'ai cru devoir évoquer le désastre urbain que constituent les bidonvilles, épandages de misère où les hommes sont livrés par millions aux ordures et à la pestilence, au vacarme et à la violence.

Les récits illustrent le hasard des rencontres.
Aussi le lecteur ne s'étonnera-t-il pas d'une relative liberté d'ordonnancement des pages, acceptant les contrastes et diversités ethniques, culturelles et géographiques. On trouve en effet peu de ressemblances dans le mode de vie - qu'il s'agisse du travail de la terre, des croyances, des traditions ou de l'habitat, par exemple - des musulmans de la vaste étendue deltaïque et des populations tribales, extrêmement minoritaires, des collines et montagnes de l'est du pays.
Les premiers pratiquent l'agriculture de plaine, essentiellement la monoculture du riz, et maîtrisent la gestion de l'eau - sauf lors d'inondations massives et persistantes -. Les peuplades des collines vivent en forêt, élèvent des porcs, pratiquent la chasse, boivent de l'alcool, et plantent du riz non irrigué, à flanc de pente selon la technique du « jhum », c'est-à-dire sur brûlis avant les premières pluies de la mousson.

Bien qu'étant envahisseurs ou hindous convertis, la majorité des musulmans considèrent que le Bangladesh est historiquement la terre des musulmans, alors que les populations dites tribales revendiquent une terre ancestrale qu'elles occupent sans titre de propriété.

Comment d'ailleurs pourraient-ils en avoir, la terre ayant été en propriété collective ?
Dans ces régions, les conflits ont été occasionnellement violents et barbares. Émanant essentiellement des habitants de la plaine, ils consistent en vols de bois ou de bétail, en multiples exactions, incendies, viols et meurtres.
Un accord gouvernemental, intervenu en 1998, doit théoriquement permettre une coexistence pacifique pour les années à venir.

Le Bangladesh est encore une terre presque vierge de touristes et de curieux. Il offre, il est vrai, si peu de confort et aucune distraction !

Rappelons que le Bengale géographique et historique (avant la guerre d'indépendance contre le Pakistan en 1971), couvre l'ex-Pakistan Oriental - actuel Bangladesh -, et l'Etat du West Bengale Indien, dont la capitale est Calcutta.

BERGERS du FLEUVE

Il va faire soir
Et la lune s'accouder
Sur une nuit souple et chaude

De soupirs en silence
S'apaise vers l'aube
L'ivresse des labeurs

La terre s'offre
En berges ruisselantes
Aux fleuves du hasard

Que la mer
De sa lente immensité
Enfouit en éternité

T'en souviens-tu ?
Tant et tant la terre était belle !

Les vaches ruminent à l'attache, la meule est haute, chèvres et moutons folâtrent dans la cour.
Le zébu fait rire : au travers d'une longue boutonnière, la couverture lui couvrant le dos laisse pointer l'unique bosse de son échine.
Le riz des moussons est récolté, celui de janvier semé.

Tu retournes la terre en tenant, comme un archet, l'araire d'une main. De l'autre tu diriges l'attelage, t'aidant d'une longue badine. De l'aube au couchant, tu trames en seigneur le ventre de la rizière, parlant aux vents, aux bêtes et à la terre.

Un jour, tes deux garçons, devenus grands, ont été circoncis. Je les ai remarqués, car au lieu de laisser flotter le longhi dont ils se drapent la taille, ils tiennent la pièce de tissu devant eux, pour protéger le sexe blessé monté sur de petites attelles.
Ils sont fiers et tu l'es également.

Tu nous invites à nous reposer devant ta case, à nous asseoir sur la planchette. Ainsi honores-tu l'étranger traversant le village. Nous parlons sans nous comprendre, mais il est d'autres langages...

Ton épouse apparaît, timide, et nous présente de la noix d'arec finement coupée au « choupari » et disposée sur une feuille de bétel. Cette amère délicatesse est l'apéritif du pauvre, il est coupe-faim et astringent.

À la nuit tombante, tu rassembles les canards et les recouvres d'une cloche en osier joliment tressée.
Le feu brûle sous la casserole et l'épouse touille le riz à l'aide d'une baguette de jute. Montent du coeur de la terre, près de chaque case du village, comme des fumerolles d'entre les pierres brûlantes.

Des frontières de l'Assam aux mers chaudes des Sundarbans, vient à moi la richesse du coeur, abondante et inattendue, malgré la grande indigence des hommes, la misère des bêtes et bien souvent la soif de la terre.

T'en souviens-tu ?
Tant et tant la terre était belle !

Sans doute te rappelles-tu l'étrange bien-être du travail de la terre dans sa chaude proximité, dans sa moiteur parfumée d'amante comblée, dans ses larmes perlées de pluie, à l'aube encore incertaine.

Tant et tant la terre est belle !

Par les miroirs de l'eau allongée dans l'aisselle des labours, par le fin tricotage des amoureuses radicelles, par le jeu de cent mille graines éclatées au soleil.
Par la sueur de tant de labeur baratté tout au long des vies.
Mais vient la catastrophe de l'année : il te faut marier la dernière de tes filles. Pour l'honneur d'un pauvre, que de terre ne donnes-tu en dot à l'époux !
Et de paysan, te voilà journalier. Car il t'a fallu emprunter, donner fenêtres et portes, puis murs et champs en hypothèque. L'usurier t'a trompé, comme il le fait toujours.

Maintenant, les yeux plantés dans le sol, tu empruntes le sentier étroit, la herse et l'araire sur le dos plié.

Puis suivent les heures dont le temps est absent.

Quand la bougie vacille, le silence se répand. Solide et froid.
De fatigue accablé, tu déplies ton corps comme un mètre sur une planche.
T'enlace l'immense abandon.
Rampe bas la nuit, longtemps attendue et déjà redoutée.

Tu fièvres du dedans, de raideur accablé.
Puis le miracle du matin expulse la souffrance.
Se remaillent les branches et le tronc,
que tu replantes debout.

Seigneur paysan.

Que la terre est basse

Que la terre est basse pour celui qui travaille celle d'un autre !
Bien plus de la moitié des paysans ont perdu leur terre, par la prédation d'un usurier mandaté par un riche, par la violence des fleuves au moment de la mousson, par le morcellement des successions et le mariage des filles.

Plus économique que le buffle, moins coûteux que le carburant, celui qui a perdu sa terre n'est plus paysan que de nom.
Sur le marché des hommes, il se propose pour planter, porter, tirer, pousser.
Ici il trouve des meules de paille à acheminer, du riz à repiquer, de la canne à couper, du blé à moissonner, ailleurs un canal à drainer, des briques à casser, du sable à transporter, un étang à creuser, un toit à repriser, du chaume à ficeler.

Ou, tout simplement, il ne trouve rien.

Drapé dans son longhi
Sans nul recours
Propre et beau
Maigre et fort
Dignement
Il va

La ville, démente, capharnaüm de cycles, cyclo-pousse, bus, camions, chariots à brancards, bestiaux, porteurs et piétons, n'est qu'insupportable fourmillement, cliquetis de sonnettes et hurlements de klaxons, dans un enfer étouffant.

L'homme est attelé au charroi, chargé de ferraille et de sable.

Homme de peine,
maculé de sueur,
sa ville n'est que vacarme et terreur.

Homme de trait,
en ces jours terreux,
sa ville n'est que pleurs et malheurs.

Givre le grand froid sur l'ourlet de sa vie.
Butine la mort en amante avertie.
Danse la faim en sa solitude.

Drapé dans son longhi
Sans nul recours
Propre et beau
Maigre et fort
Dignement
Il va.

Un jour, peut-être, serez-Vous comblés
Comme une pluie sur un lac dormant.

La mer hale le fleuve vers le large

La barque est amarrée à un piquet solidement fiché dans le sable, et je suis assis sur son toit courbe, en lattes de bambou tressées. Ma pensée dérive tout en observant le transbordement, de la berge au fleuve, d'un chargement de canne à sucre fraîchement coupée à la machette.

Les zébus, aux cornes effilées élégamment orientées par la nature, sont attelés par paires. En l'absence de coussinets bourrés de foin ou de paille, la traverse de bois faisant office de joug lime de larges entailles dans l'encolure des bêtes. Ces saignées font le délice des mouches, agglutinées par centaines en un petit essaim querelleur.

Quelle que soit la dureté de son existence, jamais je n'ai compris la cruauté de l'homme envers l'animal. Un hindou m'a fait part, un jour, de son indignation relative au non-respect de la vie, et de celle de la vache en particulier. « Tous les jours, me fit il remarquer, la vache vous donne son lait, même lorsqu'il n'y a plus rien à manger. Elle vous donne aussi son veau, qui à nouveau vous donnera son lait ; elle vous donne encore sa force pour vous aider à retourner le champ ; quand elle est vieille, et n'a plus rien à donner, vous la tuez, vous lui prenez le cuir et vous la mangez ».

Lourdement chargés, les antiques charrois approchent prudemment des berges sableuses. Quelquefois, ils s'y enlisent, tant elles sont instables et les bêtes fatiguées.

Les immenses roues en bois de manglier ou de palétuvier témoignent d'un bel ouvrage de charron. Elles miaulent sur les moyeux, dont l'ajustement accuse un jeu impressionnant, à force d'avoir tant tourné sous d'énormes charges. De profondes ornières rendent ces transports branlants, le passage le plus délicat étant le franchissement de la corniche sculptée par le fleuve lors de sa décrue et remodelée par les vents.

Les hommes déchargent au plus près des bateaux, les jambes dans l'eau, le longhi relevé jusqu'à la taille – le longhi est une pièce de tissu rectangulaire, dans laquelle ils se drapent -. Le chargement s'arrête lorsque le bord du chaland affleure au plus près le niveau du fleuve.

Quelques vigoureux tours de manivelle lancent le moteur, qui s'époumone en sombres volutes de fumée. Le patron oriente la barque à la gaffe et lui fait prendre le large pour épouser le courant. L'enfant, son fils ou un gamin corvéable à merci, écope ou alimente le radiateur du moteur, dont la pompe à eau servant au refroidissement est presque toujours en panne.

Un couple d'oiseaux avait tricoté son nid à l'abri d'une motte levée par le sabot d'un buffle.

Au loin, d'autres petits cargos cabotent de rive en rive, les uns chargés de blocs de granit en provenance d'Inde et destinés aux travaux d'endiguement des fleuves, les autres de pots de terre aux couleurs vives, fraîchement extraits des fours de cuisson et empilés par milliers.

De temps en temps apparaît, à fleur d'eau, un bateau revêtu d'une houppelande de jute lui recouvrant les flancs. Sa couleur dorée au couchant évoque la toison de mille brebis pâturant sur le pont du navire.

Un groupe de trois haleurs, dont un jeune enfant, tracte une barque remontant le courant. Un vieillard se tient assis sur la planche traversière et maintient ferme une godille pour naviguer au plus profond du chenal. Les rives de sable sont bruissantes d'un permanent effritement. De temps en temps, de soudains et massifs écroulements s'abattent dans l'eau, dont le miroir est troublé par ces dangereuses avalanches.

N'étaient la silhouette animée des haleurs profilée sur l'horizon de la berge et l'élégante découpe de leurs corps arqués, j'aurais cru la barque immobile, tant le chenal était vaste en cet endroit.
Les bateliers se hèlent de barque à barque, tout en se gardant d'interpeller les Indiens, transporteurs de pierraille. Ils naviguent jour et nuit, sans le moindre éclairage. L'instinct du fleuve et de ses courants les guide : nul terrien ne saurait le comprendre. Quelle perte, quel drame serait un échouage, si probable en cette saison de basses eaux !

Un bien curieux spectacle s'offre sur l'écrêtement des vagues : qui peut être ce gigantesque serpentin, ces masses sombres ondoyantes à la surface du fleuve ?

Un troupeau de buffles, en provenance de terres lointaines, rentre à la nage en file indienne, cornaqué par des enfants criant et gesticulant, à cheval sur leur dos.

Les étoiles s'allument une à une lorsque je me retire, en allongeant le pas. De grands champs sableux, étalés à l'infini et piquetés de pousses de lentilles et de plants d'arachides, tapissent le lit du fleuve tari. Sans engrais, la végétation demeure basse et rampante en cette saison. Sur le chemin de l'aller, un gamin m'avait signalé un couple d'oiseaux très coloré installé sur son nid, tricoté à l'abri d'une motte levée par le sabot d'un buffle.
Il m'avait accompagné tout l'après-midi en cueillant des arachides et des graines de lentilles. Nous étions en période de ramadan, et quand le soleil s'était couché, je lui avais offert de l'eau et des biscuits. Il avait attendu quelques minutes, m'avait demandé de boire en premier, car il restait fort peu d'eau dans la gourde, puis avait bu à son tour deux ou trois gorgées. Gardant les biscuits dans sa main il avait couru les partager avec ses frères.

D'est en ouest, le grand fusain noir avait crayonné le ciel de ses larges traits sombres, puis la nuit est tombée.

Lentement et de toute son immensité,
la mer hale le fleuve vers le large.

Loin, très loin, vers les abîmes d'éternité.

Entre les quatre tôles ficelées de la baraque,
les battements de l'air bercent la ténue lumière de la bougie.

Que je suis léger en ma besace !

J'éprouve l'amour
en son impudente transparence.

Les Chars

Les Chars sont des terres d'eau, de petites ou grandes lagunes, des villages semés sur des confettis de sable sertis par les bras des fleuves.

Bergers du fleuve, les habitants des Chars ne craignent pas les crues. La montée des eaux irrigue et fertilise les champs grâce aux limons qu'elle dépose, élimine la vermine et les rats, permet le frai des poissons.

Mais instable et infidèle, ce même fleuve, partagé en de multiples tentacules aux mouvements aléatoires, répand aussi la désolation et la mort, vole la maison, le bétail et la terre. Lors de la mousson, les familles restent le plus longtemps possible dans leur ferme. Lorsque les îlots sont arasés par les courants, les rares objets et meubles sont rapidement évacués avec l'aide des voisins. En quelques jours et en échange d'un loyer infime, la famille s'installe sur n'importe quelle parcelle libre. Mais il survient aussi des imprévus.

Alors, une nouvelle vie... continue.

Certaines familles quittent leur demeure

Dans les Chars, les villages sont disséminés entre les bosquets de bambou et quelquefois s'y dissimulent.
Durant la mousson, l'inondation est naturelle, souhaitable et souhaitée. Le fleuve dépose une quantité considérable de sédiments, fertilisants naturels, pouvant atteindre 2kg/m^2. Aussi est-il reconnu qu'une inondation ayant causé, par sa durée, la mort d'un grand nombre d'habitants, est promesse d'abondantes récoltes pour les mois à venir.

À l'arrivée des grandes pluies, le paysan conduit la vache ou le petit troupeau sur le tertre qu'il a pelleté et tassé, près de la demeure. La mangeoire, en fines lattes tressées, y est aménagée. Il prend soin d'abattre et de tailler à bonne longueur des fûts de bambou pouvant servir de radeau, dans le cas où la hauteur d'eau menacerait le bétail de la noyade.

À la montée des eaux, il installe sa famille sur le lit conjugal, qui occupe une grande partie de l'espace disponible.
Lorsque les eaux montent encore, un plancher intermédiaire est aménagé.
La quantité de riz en réserve, conservée dans de grandes jarres à proximité d'un poêle en terre, facile à déplacer, est régulièrement évaluée.

Dans le village, on remarque les tertres équipés de pompe à eau. Pour éviter à la pompe et à son pommeau d'être submergés, on démonte son corps et on intercale un tuyau en guise de rallonge.

Un autre tertre, plus important et moins fréquenté, accueille le cimetière.
Lorsque le risque de ravinement par le fleuve fait craindre l'arrachement de la sépulture, on a l'habitude d'enterrer les morts sur un terre-plein d'une hauteur d'environ un mètre, spécialement aménagé. Certaines tombes sont emmurées et blanchies à la chaux,

par respect du sage ou du saint qui y est enterré. De la sorte, la mémoire des hommes exalte son nom et magnifie sa vie exemplaire.

La mosquée, réduite souvent à une petite hutte en bambou, centrale au village, est précédée d'un modeste parvis de trois mètres carrés en terre battue où l'on abandonne ses nu-pieds. Ce lieu de prière est fréquenté tous les soirs par les hommes. Les femmes et les enfants prient au domicile.
Les aînés sont installés sur le lit parental et récitent les versets du Coran dans un harmonieux balancement soutenant l'ânonnement du texte, si difficile à apprendre.

Il arrive que l'eau monte et monte encore. Si la famille ne peut fuir et se réfugier auprès de parents dans un village moins exposé, elle s'installe sur le toit de la cabane, attend et espère.
Lors des terribles inondations de 1991, un très grand nombre d'habitants, estimé à 150 000, périrent de noyade ou de maladie.
À la décrue, le paysage peut livrer un gigantesque panorama de désolation. Certains villages ont été engloutis et emportés - lavés, disent les bangladais -, d'autres terres ont surgi, sans qu'il ait été possible de prévoir la durée de l'inondation, ni la violence des eaux ou leur orientation. Souvent le fleuve, divisé en d'innombrables bras, eux-mêmes redistribués en larges arborescences, creuse de nouveaux lits sans respect de l'hydrographie ancienne.

Ainsi il y a deux siècles, le Gange en crue a abandonné son embouchure dans le Golfe du Bengale, encombrée d'alluvions, pour se jeter dans le Brahmapoutre. À son tour, celui-ci a quitté son lit pour épouser la Meghna, au siècle dernier.

Les périodes de souffrance et d'insécurité peuvent durer six semaines et davantage. Certaines familles quittent leur demeure et érigent leur campement sur les terres plus élevées que constituent les digues. Les plus prévoyantes d'entre elles démontent leur maison à temps pour l'installer en des lieux plus sûrs.

D'autres l'y amènent par flottaison, suivies quelquefois par le bétail capable de nager. D'autres encore se réfugient sur les toits des rares établissements construits en briques, mosquées ou écoles. Même les arbres peuvent offrir d'excellents refuges, en extrême urgence et pour un temps seulement.

Une question m'est souvent venue à l'esprit : à l'automne, au retour de la saison sèche, en l'absence de bornes, de poteaux, d'arbres, de points remarquables à l'horizon, par quels repères le paysan, dans ce vaste champ de sable qu'est le lit du fleuve, parvient-il à localiser sa terre et ses parcelles, une fois la décrue achevée ?

Il m'a été répondu que son sens de l'espace et de la propriété était comparable à celui d'un marin exploitant une concession de pêche et repérant ses filets dans le fuyant des vagues !

On m'a aussi dit qu'à cette occasion, le paysan le plus riche se découvrait d'intéressants et inattendus talents de géomètre.

Les tibias au vent font d'excellentes enseignes...

Les Chars désignent également les habitants de ces îlots du fleuve, paysans pour la plupart, cultivant les vastes espaces deltaïques en saison sèche. Le fleuve foule ces terres devant lui, au gré des pluies en provenance du versant sud de la chaîne des Himalaya.

Se mêlent aux paysans quelques rares artisans du bois et du fer, quelques meuniers de blé et de riz. De bien loin, le panache de fumée fait deviner la minoterie. A chaque tour du moteur, on perçoit le furieux battement du raccord de la courroie en cuir sur la poulie en fonte, dépourvue du moindre carter de protection.

Totalement isolés aux carrefours des pistes ou installés dans les petits villages, de bien sympathiques épiciers se tiennent hiératiquement figés sur l'étal de leur kiosque au volet rabattu.
Les rayons sont parcimonieusement garnis d'un assortiment d'une vingtaine de produits : boîtes en métal avec couvercles à visser, bocaux à biscuits, pétrole de lampe, allumettes, poudres mystérieuses et épices inconnues, pâtisseries et leurs mouches, paniers aux graines multicolores, pyramides d'oeufs et de noix de coco, feuilletés de bétel, noix d'arec, tonnelets de cinq litres d'huile, régimes de petites bananes bengalies, lampes-tempête, pelotes de ficelle, cuvettes en fer blanc et tortillons de chanvre incandescents servant à allumer la cigarette.

L'alcool y est absent et les cigarettes, de fabrication locale, sont vendues à l'unité comme au paquet ; elles sont amères et dégagent un parfum de paille brûlée...
Les prix sont bas et les clients rares. Espérant ne manquer aucune affaire, le tenancier a élu domicile en cette cahute sur échasses. Il ne relève sa "vitrine-comptoir" qu'à la tombée de la nuit pour s'allonger entre les bocaux et dormir sur les planches.

Quitter le village pour se rendre au marché deux fois par semaine est plus fréquemment une distraction qu'une nécessité. Les chaussures à la main, la bicyclette ou le cyclo-pousse - appelé rickshaw -, n'étant guère utilisables sur ces terrains mous, on traverse d'un pas ferme bancs de sables, gués et marigots desséchant au soleil.

En ces terres d'infortune, celles et ceux laissés au loin nous sont d'autant présents qu'il nous est impossible de les joindre durant des semaines.
Le courrier est lent et incertain et les bureaux de poste fort rares. La prudence consiste à s'y rendre personnellement pour présenter à l'agent la lettre à expédier afin qu'il l'oblitère en votre présence. La valeur du timbre est l'équivalent d'un kilo de riz et il existe plus d'une façon de retirer l'enveloppe d'une boîte aux lettres, fût-elle d'origine britannique.
En l'absence générale de radio, de courrier et de journal - qui d'ailleurs saurait le lire ? -, le marché est un lieu d'échanges et de palabres bien agréable et fort utile. Les rencontres permettent le partage d'informations concernant la santé du bétail, la qualité et le coût du riz, le prix de la terre ou le niveau du fleuve.
Il peut être également question, tout en parlant pour ne presque rien dire, de l'âge de la fille d'une cousine de sa femme... afin que la terre reste en famille.

Dans les bourgs de quelque importance on rencontre toute la diversité de l'activité humaine.
Le boucher tue et découpe en pleine rue. La tapette à mouche est un accessoire d'hygiène bien utile et particulièrement actif ; elle ne manque que rarement sa cible.

Les docteurs tiennent cabinet et pharmacie en de petites échoppes, signalées par un chapelet de radiographies. Les tibias au vent font d'excellentes enseignes. La médecine n'ayant jamais été une science exacte et la pudeur grande en milieu musulman, l'examen du patient consiste essentiellement en un questionnement, quelquefois réduit à peu de mots.

Si votre épouse est malade, elle n'ira pas à la consultation. Vous y allez à sa place et localisez, avec la précision que vos connaissances anatomiques autorisent, l'emplacement de ses maux sur une statuette que le docteur vous présente. Il réfléchit, décide de la pathologie, et vous tend le remède, extrait d'un tiroir de son buffet. La consultation vous coûtera l'équivalent de plusieurs journées de travail.

Toutes ces saintetés, affublées d'une cascade de breloques et de papillotes bénies, sont d'agréable compagnie

Le barbier, debout dans sa ringarde et fringante échoppe tapissée des miroirs d'un palais des glaces, s'active auprès du client nappé d'un drap blanc, assis sur un majestueux siège télescopique. Quand il fait moite et chaud, la prestation a lieu sur la voie publique, nettement plus aérée. Son succès commercial semble proportionnel à l'épaisseur de la toison de cheveux coupés matelassant le sol, que le vent du soir emporte.
Dans les grandes villes, le coiffeur est aussi ambulant. Il coupe les cheveux pour un prix très modique, assis face au client, à même le trottoir. Que de monde autour de moi, ce jour-là, et surtout que de conseils et de commentaires !

Le serrurier répare en "service-minute-petit-prix" tout ce que nous jetterions et soude sans lunettes de protection. Il vend la quincaillerie, neuve et d'occasion, dont d'impressionnants cadenas d'origine britannique, en l'absence quasi-générale de serrures.

Magicien du feu, le forgeron métamorphose le fer rouge du moindre bout de métal, sous l'action de l'enclume, du marteau et du soufflet actionné par un jeune garçon travaillant dans la pénombre de l'antre de la boutique.

Une chaise est avancée pour le client du "déboucheur" d'oreilles. Une longue et fine "tige à brochettes" métallique à la main, cet autre magicien des profondeurs explore les conduits du patient, crochète le bouchon et exhibe le trophée.

Les dentistes de rue actionnent du pied droit leur fraise à pédale. Les boîtes d'accessoires et les instruments sont étalés sur le banc où se tient le patient. Dans une boîte en fer-blanc, sont rassemblées les couronnes dentaires d'occasion ; un essayage permet leur ajustement, parachevé au petit marteau.
À chacun sa science, à chacun sa chance !

Les jours officiels de marché, les emplacements sont attribués par spécialité. Une aire est réservée aux poissonniers qui, en l'absence de tout moyen de conservation, alignent des brassées de lanières d'anguilles desséchées, fort ressemblantes à des ceintures de pantalon.

Une autre travée accueille les fripiers, flibustiers de l'arnaque.
En cette saison bien sèche, le marchand de parapluies, tout sourire, ne manque pas d'allure, assis en tailleur sur ses planches.

Ailleurs, sont installés les étals de fruits et de légumes, les cireurs de chaussures à l'escabeau clouté d'or et les couturiers du cuir, Intouchables parmi les Intouchables.
Les "réparateurs-gonfleurs" de cyclo-pousses sont grands mangeurs d'espace. Ils utilisent une pierre ou une caisse comme béquille et rafistolent ces tripodes à grands coups de marteau.
Pour qu'il y ait entraînement, il faut que les roues arrière soient solidaires de l'essieu.
Ceci est élémentaire, mais voilà tout le problème ! Pour rattraper le jeu entre l'axe et le moyeu, le réparateur découpera au burin une cale dans une boîte en fer-blanc ou dans la tôle d'un vieux bidon. Après l'avoir conformée, il en relèvera le pourtour et l'ajustera sur l'axe. Le serrage excessif de l'écrou assurera quelque cohésion provisoire à l'assemblage.

L'allée des mendiants, infirmes et autres culs-de-jatte dûment patentés, ne nécessite pas d'enseigne pour être remarquée.

Un peu plus loin, les écrivains publics, intelligentsia du lieu, se tiennent graves et droits derrière la "planche-bureau", équipés de rutilantes machines mécaniques, à renvoi manuel du chariot. Ils rédigent tout courrier, officiel et privé, et en l'absence d'état civil, délivrent pour les besoins de la cause, un Certificat d'Existence attestant de l'état chaud et vertical du bénéficiaire.

À domicile, les rares diplômes font honneur, dont le Certificat de Vaccination, accroché au mur de l'un de nos hôtes, sous cadre et verre. Ils peuvent, sans inconvénient, côtoyer les photos ou portraits du Pape, de Krishna, de Bouddha et de Mère Teresa dans la foulée. Toutes ces saintetés, de paisible compagnie, sont parfois escortées des grands spirituels bengalis, affublés d'une cascade de breloques et papillotes bénies, en plastiques multicolores.

Le dalaï-lama manque généralement à l'appel.

J'ai fui pour échapper au lynchage

De sympathiques gargotes proposent l'invariable menu du jour et de l'année : thé, riz-poulet, poulet-riz, thé. Dans les établissements *classés*, en plus d'une chaise et de l'eau cachetée, une feuille de bananier est disposée en guise d'assiette. Pour économiser de la place et occuper l'espace sans le payer, un grand nombre de ces estaminets sont montés sur pilotis sur le bord de la route, au-dessus des marais ; leurs planchers en tiges de bambou fendues présentent l'avantage d'être totalement disjoints : on jette au sol ce qui ne peut être mangé. Les os et les arêtes, qui accidentellement échappent aux chats et aux chiens, profitent ainsi aux rats et aux poissons de l'étage en dessous.

Déguster un si bon plat, assis sur un banc entre ce qui fait office de cuisine et ce qui tient lieu de latrines, se ferait sans déplaisir si nous n'étions pas l'objet de la sollicitude d'autant de personnes que la taverne peut en contenir, plus quelques autres.
Notre maladresse à rouler une boulette de riz avec trois doigts et à la glisser élégamment en bouche mérite-t-elle tellement d'attention ?
De temps en temps, pour alléger la poussée de ces voyeurs indélicats, le patron se fâche et crie sans réelle conviction. Le reflux de la masse est à peine perceptible.
Parfois, nous sommes amenés à écourter notre repas pour remonter au plus vite sur le cyclo-pousse et à poursuivre notre chemin.

Il est réellement difficile, dans les régions que je traverse, de voyager discrètement. N'ai-je pas paralysé, un jour, tout un village ? N'a-t-il pas fallu l'intervention des *autorités*, maniant des lattes en bambou, pour restituer quelque fluidité à l'enchevêtrement des rickshaws ?

À la campagne, lorsque la petite équipe que nous formons est repérée, une nuée d'enfants nous suit comme une traîne. Ils nous tirent par le vêtement, empruntent casquettes et montres, font des cabrioles à l'endroit et à l'envers et rient à profusion. Les plus hardis nous agrippent les doigts à ne plus vouloir les lâcher.

À l'approche des villages, ils nous dépassent comme un vol d'étourneaux pour annoncer l'imminence de notre passage.

On se taquine, on rigole, et lorsque leur nombre et le programme le permettent, on joue et on chante, même en français !
Dans l'excitation du moment, on commet des *erreurs* irréparables : une amie qui m'accompagnait portait une prothèse de quelques dents. La drôle d'idée lui vint de l'ôter et de la montrer aux enfants. Cette insolite et magique exhibition fut tellement stupéfiante que la jeune foule voulut que je l'imite à mon tour !
En étant incapable, j'ai fui pour échapper au lynchage !

Ici pèse tant la souffrance des hommes

La moustiquaire rejetée, assis sur le bord du châlit, j'allume la bougie et prends mon cahier sur les genoux. Bien que soulagé des mille regards d'enfants rivés aux multiples trous de la tôle de la cabane, je me trouve cependant dans l'impossibilité d'aligner deux lignes ou d'empêcher le foisonnement de mes pensées.

Comment taire l'emballement de l'esprit, quand tant d'évènements me bousculent à longueur de semaines, quand tant d'interpellations me questionnent au plus fragile de moi-même ?
Comme bien d'autres soirs, vient à nouveau cette incapacité à trouver le sommeil. Comment pourrait-il en être autrement ? Quelque chose, quelqu'un me tient éveillé, par le coeur, par le corps, par la peur, je ne sais, et me refuse la trêve du voyageur épuisé.

Mes hôtes me sont très présents à l'esprit et je pense affectueusement à eux.

L'été dernier, cinq cents maisons installées sur cette langue de terre ont été emportées. Que de familles décimées, que d'enfants morts, que de récoltes détruites.

Tel un cauchemar, l'inondation et le cyclone me hantent. Et je me dis ceci :
L'aînée n'a que treize ou quatorze ans, et ils ont sept enfants, dont le plus jeune est le garçon. Pourvu que nul malheur ne leur arrive durant la mousson, que le fleuve demeure raisonnable, que la pompe soit épargnée, que leur hutte tienne debout sur ses pilastres en bambou ; pourvu que leurs champs soient solidement ancrés quand le fleuve déferlera.

La panique me gagne et j'imagine des groupes d'hommes debout sur les digues, plantés comme des troncs, immenses et nus, au coeur de ce désert d'eau.

Dans mon cauchemar, j'entends l'enfant de la hutte voisine. Il a pleuré toute la nuit. Pourtant, la mère lui a souvent parlé, elle a tenté de le calmer à maintes reprises, elle lui a offert le sein à volonté.
Vers le matin, il s'est tu.
Je vois son père, grave et digne, confier au fleuve, silencieux, son petit corps drapé du sari d'or.

« Allah est Grand, Lui seul sait », doit-il se dire.

Et le déferlement se poursuit en ma tête : il n'y a plus de bois pour cuire le riz et les arbres ont déjà livré leurs feuilles. Comment allons-nous faire ? Nous sommes tous malades, nous n'avons plus un seul vêtement sec à nous mettre.

Il fait froid.
Il fait faim.

Dans mon cauchemar, nous attendons.
Dans mon cauchemar, il fait affreusement seul.

Nos vaches vont mal, la meule est noyée, et la chèvre s'épuise sur son radeau. Plus jamais je ne disposerai la moustiquaire au-dessus du taureau dans l'étroite étable.
Je supplie le fleuve, j'implore le ciel, comme s'ils pouvaient m'entendre !

« Arrêtez, leur dis-je, arrêtez ! Etes-vous sourd, êtes-vous aveugle ? Arrêtez, leur dis-je encore, arrêtez ce massacre !
Ils sont innocents ! »

Si seulement nous pouvions fuir !
Mais pour aller où ?

Le silence froid.
Le courage des mères.
L'attente des hommes.

Ces regards.

Il pleut encore.
Il pleut à nouveau.

Un homme salue ses vieux parents.
Un père attache son jeune enfant à un arbre.

Et soudain tout bascule.
La mer retourne les barques du rivage.
Le vent arrache les cabanes tressées.
Les bêtes sont emportées et noyées.

Car voici la tempête,
l'eau du ciel,
l'eau de la mer,
et la terre
à l'envers.

Les hommes, bois morts
sur cet océan
déchaîné,
tentent
de lutter.

Mais que faire
dans cet effroyable naufrage ?

S'agripper,
respirer,
nager,
et
ne
pas
s
e

s
é
p
a
r
e
r.

Lentement, je reviens à moi et le cauchemar se dissipe.

Je me reproche les temps avares, où, pauvre de coeur, je m'occupais à accumuler : de l'argent bien sûr, pour ma sécurité, et un peu de pouvoir, évidemment, pour ma notoriété.

Sûrement par ignorance.

Que de temps perdu,
Que de temps gâché.

Car ici pèse tant la souffrance des hommes.

Mon impuissance m'accable, et je me sens lourd de tous les autres.
À mon retour, aucun ne me croira.

Certains soirs m'encombre la vie et m'abandonne la force pour tenir droit dans mes racines.
Ma chaloupe dérive alors d'avoir déchiré sa voile et la mer s'échoue, de trop de tristesse ensemencée.
La source est tarie et nul scion n'aspire la lumière.

En ces heures de lassitude, les horizons sont noyés, et les soleils lovés en des marais saumâtres.

Il me faut alors épouser le silence et jeter au loin les herbes amères.
Il me faut, de toutes mes forces, éprouver à nouveau la terre.
Il me faut recoudre la proue, contempler le ciel, y retrouver des saveurs nouvelles.

D'un coeur lent et doux me vient comme un besoin d'absence.
De solitude également.

Je retrouve la bonne page du Livre des Etoiles.

Dehors, le vent embrasse longuement le même arbre, puis caresse les rivages lointains de sable et d'horizon.

Me visite l'envie d'être ici et ailleurs.
Me berce le rêve d'être présent et absent.
Me réjouit de migrer vers des espaces de tendresse et de douceur, où l'harmonie conjugue les paysages en rizières intérieures, aux couleurs limpides et tranquilles.

Apaisé, je m'envole sur ma branche.
Je n'y suis plus seul, car, rapidement, je m'endors.

Cette nuit, le fleuve a semblé ralentir et le vent a soufflé fort vers la mer.

J'entends le souffle des couples endormis

Les rayons de la toupie d'or étirent l'horizon de la rizière et je veille, les yeux à la hauteur de l'astre roulant vers l'occident, debout sur le faîte de la digue. Elle est suffisamment large pour servir de chemin. Une mosaïque de briques, disposées en chevrons, renvoie les reflets cuivrés du couchant.

De temps en temps, le bringuebalement d'une bicyclette ou d'un cyclo-pousse, son ferme coup de sonnette ou le craquement du moyeu sous la traction de la chaîne, avertit d'un dépassement imminent. Point de droite ni de gauche, mais une bande de roulement ondulante en fines courbes entre trous et bosses.

En contrebas, des hommes, des femmes et des enfants vident un étang des menus poissons échappés au filet et discrètement fichés dans la vase. Pataugeant jusqu'aux cuisses dans cette terre d'eau, ils cueillent le fretin comme s'ils tiraient les carottes de leur jardin.

Ailleurs, d'autres hommes épandent, du geste du semeur, des filets de pêche souples et ronds, lestés en leur périmètre, dans de fainéantes et flasques flaques. Ils portent un minuscule panier destiné aux poissons collectés, attaché à une cordelette qui leur ceint la taille.

D'autres étangs regorgent d'eau malgré la parcimonie des pluies en cette saison. Aussi m'abandonnai-je à les imaginer vastes comme des lacs, peuplés de tant de poissons qu'ils se toucheraient le ventre, tellement j'espérais quelques provisions d'hiver pour ce peuple affamé.

Viennent les ombres du couchant, envoûtant les bosquets de bambou et planant sur le fleuve. Lentement, elles pénètrent les êtres et les choses. Elles drapent cette partie du monde de leur majesté, de leur nostalgie, de l'apparence de la paix.
Un grand soir, comme presque tous les soirs !

Il fait nuit lorsque enfin le cortège des cinq cyclo-pousse s'ébranle, une lampe à pétrole dansant sous l'essieu du véhicule de tête, vers une destination qui m'est inconnue.

Que d'émotion cet après-midi, à la vue de tant de misère allongée sur la pierre de cette gare. Je vois encore cette jeune femme à l'abondante chevelure noire et à la peau très foncée, couchée, presque nue, ses trois enfants à proximité. L'un pleure fort en essayant d'atteindre son sein, mais épuisée sans doute par trop de privations, elle dort sur le quai de cette gare.

Pas un bruit, sauf la consigne transmise de pédaleur en pédaleur pour signaler les trous sur le chemin dont le pavement a été abîmé ou volé.

Pas un bruit, excepté le lugubre grincement des roues des chars et des tombereaux, tractés par des buffles ou des zébus rentrant, sans éclairage, au village.
Coincé sur la banquette entre les sacs, les gamelles de cuisine et le matériel de couchage, je vis intensément ces moments, tout attentif cependant à ne pas tomber du carrosse, dans le cahotement de ce déménagement.

Il fait calme, et seules quelques bêtes insomniaques ou nerveuses, peut-être emmêlées dans la moustiquaire dont les paysans les moins pauvres les recouvrent parfois, saluent notre passage.

À la campagne, on se couche tôt.
S'il m'arrive de m'attarder et de me faufiler entre les étroits lacis de bambou constitués par les murs des huttes et les palissades des jardinets, je suis surpris par le souffle des couples endormis, les chuchotements des confidences du soir ou encore l'impatiente quête d'un enfant du sein de sa mère. Dans la plupart des cahutes, on dort sur une natte à même le sol, car les arbres sont rares et les planches trop chères.

L'homme, fruit de la terre et de son inlassable travail

Ici plus qu'ailleurs, l'homme conjugue l'espace et le temps, l'immuable et l'éphémère. Il compose au plus près de la nature qu'il aime, de cette présence végétale et animale de la matière animée qu'est la vie, chaude et souple. Son flux et son reflux créent sans cesse un nouvel espace, un nouveau vide, pour l'éternelle éclosion. L'homme n'est-il pas lui-même, en quelque sorte, le fruit de la terre et de son inlassable travail ?
Partout on enlève, partout on surélève, car toujours et partout le fleuve menace.
C'est pourquoi la terre de ce pays est sans cesse déplacée par les porteurs de limon.
Le panier est rempli en quelques coups de houe et élevé à deux pour être chargé sur la tête. Un coussinet de paille amortit la charge et en accroît la stabilité. Dans certaines régions, deux courtes traverses en bambou permettent son maintien lorsque le sol est accidenté, sur les talus des digues, par exemple. Dans le rythme des gestes et dans le silence de l'effort, le panier passe de tête en tête tous les 50 mètres, à longueur de journée. Ainsi tente-t-on de mettre hors d'eau tout ce qui est utile et habitable : routes, maisons, étables, mosquée et ... cimetière.

Cette terre d'eau, pétrie de limons et de sables, à moitié inondée six mois dans l'année, est constellée d'étangs. Ils proviennent des carrières à ciel ouvert, d'où l'argile est extraite pour fabriquer la brique. Elle est jetée par d'antiques brouettes dans un malaxeur installé dans une fosse et actionné par une paire de pitoyables zébus, attachés au timon du tourniquet par un joug. Leur museau frôle le sol et chacun de leurs pas recouvre l'empreinte laissée au tour précédent. Un homme ou un enfant récupère les mottes, en forme de gros boudins, et du fond du malaxeur, les dépose sur la rive. Elles sont moulées à la main, dans des caissettes en bois à même le sol et séchées au soleil, avant d'être empilées dans un four fonctionnant au charbon ou au gaz.

La brique est utilisée pour la construction et le pavage des chemins, mais aussi concassée au marteau par une multitude de femmes et d'enfants installés sur d'immenses tas. Ces faux cailloux entrent dans la fabrication du béton et constituent le soubassement des routes. Pour un grand nombre de femmes, ce travail constitue bien souvent l'unique moyen financier de survie.

À circuler entre ces terres d'eau dans cet onirique labyrinthe, il m'est impossible de ne pas relier ma vie à celle qui se poursuit là-bas, si loin de moi et qui, cependant, demeure si proche.
Ressurgissent des faits et des images, insolites par leur contenu et souvent sans réelle ou apparente relation avec la situation du moment. Ils sont liés à ma famille, mais évoquent aussi des complicités ou des situations apparemment anodines, vécues dans l'harmonie de la nature.

En ces circonstances, cette dernière m'apparaît être ma fidèle compagne.
Au pied d'une meule de paille ou en lisière d'une forêt, au bord du fleuve ou par les trous de la tôle, le ciel étoilé n'assure-t-il pas, à dix ou vingt mille kilomètres d'éloignement de ses racines, la permanence et la fidélité ?

Ils chantaient l'amour, la terre, la faim, celle d'hier et celle de demain

Ma cabane en bambou est ceinturée d'un minuscule jardinet planté d'aubergines, de piments, d'oignons et de tomates.
Allongé sur les planches - les poulets, recouverts d'une cloche en osier souple, sont silencieusement assis sous mon lit -, j'écoute la nuit, hantée de tant de mélancolie, de présence et d'abandon.

Moiteur et chaleur, rythme et souffle participent au mystère.

En l'absence de verre, la flamme de la lampe à pétrole chavire, enivrée par la légère brise traversant la hutte dépourvue de fenêtre.
La porte, maintenue par les effilochures d'une ficelle, est poussée sans être verrouillée.
Allongé sous la moustiquaire, je demeure muet de corps et d'esprit, tel un gisant sous une châsse de tulle.
Le lampiste, assis à l'entrée du campement, s'occupe à faire monter le pétrole en pression.
Il est aussi mon gardien et veillera sur mon sommeil toute la nuit... tout en bavardant bruyamment avec un voisin.
Il me rappelle cet autre veilleur qui, pour témoigner de la vigilance de sa garde, porta toutes les heures de violents coups de son bâton sur la porte en métal de la demeure.

Se levant avant l'aube, les femmes se sont couchées depuis une heure, attentives à la nichée des enfants allongés autour d'elles. Un piqué de coton, légèrement rembourré, fait office de matelas. Le linge est toujours très propre et les petites choses dont disposent les familles parfaitement rangées. À la tête du lit, les saris sont suspendus à une ficelle ou à une traverse, soigneusement drapés en leurs plis. Quelquefois une sorte de chevalet assez long sert de rangement aux habits.
Près du lit, un coffre en bois ou en métal, de taille et de poids proportionnels au patrimoine, puissamment cadenassé et quelquefois attaché par une chaîne à un pied de lit, est sous bonne garde. Il contient les papiers de famille - dont, document essentiel, le certificat

d'enregistrement du mariage, s'il existe -, les vêtements de fête, sans doute quelques petites économies et peut-être des bijoux.
La présence de ce coffre n'est qu'occasionnelle.

Les aînés n'ont plus droit au lit conjugal ; ils dorment sur une claie de bambou à même le sol. S'ils n'avaient fait la toilette à la pompe, suivie, pour les grands, de la prière dans la petite mosquée, les enfants passeraient de la table au lit sans quitter le sol.

D'autres hommes ont rejoint le gardien, quand me parvient l'écho d'une cantilène.
Très vite, je désire m'approcher du lieu du chant.

Au carrefour de deux pistes, quatre hommes, accroupis sur les talons à côté de leurs cyclo-pousse, chantent pour leur plaisir en frappant le rythme sur un bidon, puis s'enveloppent dans une couverture pour dormir au bord du talus.

Ils chantent la nuit,
ils chantent la mort,
ils chantent le fleuve.

Ils chantent l'amour, la terre et la faim, celle d'hier et celle de demain.

Ils chantent comme tant d'hommes ont chanté aux carrefours des rizières, des Afrique et des Amérique lointaines.
M'ayant enfin aperçu, ils chantent pour notre joie à tous.

Ai-je, ce soir, effleuré l'indicible, donnant pesanteur et conscience à tout être et à toute chose ?

Riche de cette rencontre, je pars délicatement, de peur d'écorcher la nuit, en empruntant la crête de la digue.

Ma marche y est aussi prudente que celle d'un chat sur le faîte d'un toit.

Les Sundarbans

Les Sundarbans sont une forêt vierge, encore peuplée de serpents et de tigres - le bien-aimé Tigre Royal du Bengale -, de daims tachetés et de singes, de grues et de bécasses, de hérons blancs et dorés.

Ils reproduisent fidèlement ce qu'a été la vie sauvage tout au long des milliers de kilomètres des vallées du Gange et du Brahmapoutre, il y a des centaines et des milliers d'années, avant la déforestation et la prédation de l'homme. Réserve naturelle appartenant au patrimoine mondial, cette jungle couverte d'arbres amphibies, les palétuviers, aux formations interstitielles typiques appelées « sundarbans » (du nom de l'arbre « sundari »), recouvre près de 40 000 kilomètres carrés de surface sur une profondeur de 80 kilomètres.

L'activité humaine se tient principalement en périphérie, le long des côtes et des fleuves. Au nord, le trafic maritime et la présence de ports occupent les habitants. Ailleurs, l'économie est domestique et concerne la pêche, la collecte de bois, la récolte de miel et la laborieuse culture du riz sur une terre ingrate et salée, car régulièrement envahie, et quelquefois dévastée par les cyclones.

La vie y est encore plus difficile qu'ailleurs, l'habitat souvent très pauvre et le manque d'eau potable permanent. La pêche, au filet traîné par l'homme à pied et à l'hameçon, apporte un complément nutritionnel indispensable. D'autres pêcheurs, appelés « gypsies », - mot anglais signifiant gitan - sont des populations nomades tribales très minoritaires d'origine indienne, vivant sur de grandes barques en partie couvertes de chaume.

Je ne suis que passant

La forêt est dense, la forêt est belle.
La barque glisse entre les massifs de palétuviers dans la fourche desquels se tiennent de grands singes goguenards. Il est vrai que nous ressemblons à des touristes ! Quelques daims sont visibles, les oreilles pointées, malgré l'heure de leur sieste. Sur la berge, les animaux nocturnes ont imprimé leur trace dans la boue.

Dans le village où je passais la nuit, un fait divers frappa particulièrement les esprits : quatre hommes de la même famille furent, au cours des dernières années, attaqués par des tigres. Leur poitrine et leur torse furent lacérés, mais ils survécurent.
Les hommes disent avoir été surpris car, collecteurs de miel sauvage, ils ont l'habitude de scruter le haut des arbres et leurs branches et non de surveiller attentivement leur environnement immédiat. Mais pouquoi, se demande encore tout le village, ce choix familial ?
Les tigres voulaient-ils seulement jouer ? Cela est fort possible.

Ici tout est turbulence et apaisement, et la vie me rappelle sans cesse sa réalité abrupte : je ne suis que passant.
Au plus fort de ce calme, au plus violent de cette tourmente, sur les sentiers de terre ou sur les chemins d'eau, le sentiment de précarité m'habite et me trouble, puis demeure familier. S'y confondent une irréductible solitude et un profond enracinement. S'y accoutume tout ce que la situation peut comporter d'insolite, s'y étiole l'intérêt que je porte à mon alimentation, à ma sécurité et même à mon propre repos. Je vis ainsi l'effraction physique, psychologique et culturelle de cet étrange pays, hors de notre espace mental et de notre temps.

Les joies sont aussi fugaces que les peines et mon bonheur est de cheminer durant des semaines, de gué en gué, de village en village, au plus intime de l'éphémère, au plus intense du permanent.

Tels les fleuves et les vents, au plus léger en moi-même.

Quelquefois se présentent, informés par la rumeur du probable passage de l'étranger, des hommes au visage grave et des femmes inquiètes portant dans leurs bras des enfants malades et décharnés. Dans d'autres villages, attendent des blessés et des personnes handicapées, un homme tombé d'un arbre dont la hanche est déboîtée, des personnes aveugles ou atteintes de maladies incurables.

Toutes ces personnes, en route pour certaines depuis tant d'heures, patientent et espèrent secours ou aide. Pour beaucoup d'entre elles, le petit groupe que nous formons est susceptible de guérir leurs maux ou d'apporter un remède.
Mais que pouvons-nous faire ?
Comment ne pas décevoir ?
Nous prenons l'avis de la personne qui nous accompagne, et remettons parfois l'argent nécessaire au transport du malade vers un dispensaire. D'autres fois, nous couvrons les frais relatifs à une hospitalisation.
Bien souvent, nous souffrons de notre impuissance à être utiles et poursuivons notre route, conscients que l'argent remis servira d'autres priorités.

Car ici, la survie est encore plus difficile. A raison d'une unique et aléatoire récolte de riz par an, la terre nourrit mal la famille. L'habitat, en bambou et feuilles de palmier, est d'une triste pauvreté.

Mais que veut dire pauvre dans un tel environnement ?

C'est superbe, ils sont juste à côté...

Une femme s'approche du bord du fleuve, tirant une chèvre par une corde. Probablement constitue-t-elle son principal capital. Prudemment, elle descend la corniche et pénètre dans l'eau jusqu'à la taille. Selon un scénario sans doute quotidien, la chèvre, têtue par nature, refuse le bain. Qu'à cela ne tienne, semble dire la femme, en la prenant vigoureusement par les pattes de devant.
Et la bête s'enfonce dans l'eau... comme si elle faisait la belle !
Suivent les vachettes et autres ruminants. La toilette et les soins sont impressionnants, chaque animal étant frotté de la tête à la queue avec minutie, nasaux compris. Quelques-unes d'entre elles jouissent du privilège d'un aller-retour de la savonnette, suivi du massage de l'encolure et des flancs. Mais la tendresse entourant ce nursing semble un peu contrariée par l'immersion totale imposée à la bête, en guise de final. Suit une séance de natation, sous bonne laisse, qui sera bien utile au bétail en cas d'inondation.
Puis le soigneur chevauche sa monture, qui se défend en un curieux rodéo.

Malgré la grande pauvreté, ou peut-être à cause d'elle, l'accueil est simple et particulièrement chaleureux. On m'invite à m'asseoir devant la case, sur un tabouret ou une planchette qui en fait office. L'enfant le plus agile monte à l'arbre comme un quadrupède, les mains et les pieds enserrant le tronc, et en détache une noix de coco, en s'aidant, au besoin, de ses dents. Elle est fendue avec adresse par quelques précis coups de machette.

Sous l'attentif regard d'une partie du village, je dois la boire sans m'asperger. L'écorce, verte et lourde, roule au sol. Puis je quitte mes hôtes après les avoir accompagnés sur la tombe, discret rectangle de terre sans nulle décoration ni inscription, d'un père ou d'une mère, pour un instant de recueillement.

C'est superbe, ils sont juste à côté, entre la maison et le potager.

De la sorte, il reste parmi les siens

Il va faire jour et la gent volaille est à cette heure fort agitée. L'excitation est intense autour des déchets ménagers, écorces de fruits et épluchures. Les piaillements et pépiements, coups d'ailes et de becs, menaces et disputes me privent de la dernière heure de sommeil. De toute manière, les nuits sont courtes car perturbées par les bruits nocturnes de la campagne, le coassement des grenouilles et le meuglement des buffles, le passage des chariots grinçant sur leurs essieux, rentrant de quelque champ de canne éloigné.
La nuit, les hommes récupèrent ; elle seule leur donne force et courage.
En hiver, l'inondation n'est pas à craindre.
Elle n'abattra pas la berge et n'emportera pas le village. Le fleuve est trop modeste pour n'être point sage. Aussi, la vigilance peut être relâchée et la barque attachée moins ferme à l'ancrage.

Il va faire jour et la petite veilleuse a été soufflée. La bougie étant onéreuse, le paysan utilise parfois en guise de lampe une boîte de conserve sans verre, dans laquelle il implante une mèche de coton. Le combustible étant de médiocre qualité, la fumée s'élève en torsades compactes qui vrillent comme reptile le long du toit de la cabane et s'en échappent par le faîte.

La veille, je déambulais sur le chemin pavé de briques, au haut de la digue, évitant de piétiner les moquettes de bouse séchant au sol, soigneusement marquetées en carrés. Une femme accroupie malaxait de ses mains l'arrivage frais qu'un enfant venait de déverser de son panier. Lorsque la maison est en limon, la bouse est appliquée sur un mur bien exposé au soleil, en laissant l'empreinte des cinq doigts. Habituellement la crotte et la bouse sont pétries directement sur des bâtonnets, apposés contre le soubassement du logis, prêts à être poussés dans le feu sous la casserole, après séchage.

Ici comme ailleurs, la terre est rare, et pour cette raison, quelquefois âprement disputée. Mais la moitié du village a été emportée l'été dernier, car le fleuve a entamé la berge. Le niveau de la terre, - de ces champs qu'on aime tant, qu'on finit par croire qu'ils vous appartiennent -, s'est abaissé de six à huit mètres. Ne restent, et pour fort longtemps, que stériles sables blancs, poussières d'étoile, dérivant imperceptiblement vers la mer.

Les femmes, les enfants, la volaille, quelques chèvres, se livrent à leurs occupations respectives : travailler, jouer, picorer et brouter.
Dans ce village, se trouve une aire en terre battue et en son centre, une botte de paille fraîche, régulièrement étalée. Sur ce matelas de chaume, un homme portant une barbe et apparemment âgé, gît torse nu au soleil. Vu l'état de ses orbites, on peut supposer qu'il est aveugle. Un longhi en désordre lui recouvre les reins et une partie des jambes.
Je suis très surpris de voir ce vieillard inerte sur le dos, au milieu de la cour.
Est-il malade ?
On m'explique qu'étant âgé, il va bientôt mourir. Dans cette attente, on le transporte le matin dans la cour et on le rentre le soir dans la cabane.
De la sorte, il reste parmi les siens et partage jusqu'au dernier souffle le quotidien de la vie, empli du jeu des enfants et de leurs disputes, des occupations des femmes, du retour des champs de leurs maris, de la vie cosmique et de tout ce qui l'habite : le ciel et son infini, la lumière et l'ombre, la respiration des vents et même le froid de la terre qui, lentement, l'ensevelit.

De la même manière, me suis-je dit, on expose un enfant aux bienfaits de l'air pur, ou on sèche un fruit au soleil.

Un vol de corneilles mantelées jacasse bruyamment et je pars par un layon coulant entre des palissades en bambou, à la découverte de jardinets miraculeux où poussent courgettes, aubergines, choux et autres légumes. Un jeune adulte en maillot de corps blanc se tient perché sur la branche traversière de sa pompe à pédale. Selon un rythme vigoureux, il en actionne les deux bras et pulse l'eau par saccades. La terre a soif, car elle doit nourrir. Il m'offre du lait caillé que je bois à la jarre en terre cuite.

Les enfants s'envolent.
Comme le temps passe et que j'ai perdu le chemin, un garçon me guide jusqu'au campement, par d'invraisemblables lacets le long du fleuve et des rizières.

REGARDS et RENCONTRES

Vint la ville et le carnaval des riches.
Si sournois, si obscène.
Ô détresse humaine !

Vint l'autre ville et sa logique de misère,
son chapelet de démons
et ses cohortes de damnés.

Car la ville est l'enfer des loqueteux
et des estropiés,
des crocheteurs efflanqués
en quête de pourritures abandonnées.

Ô détresse inhumaine !

« *Le pauvre est pauvre afin que nous soyons secourus* »

En ville la course au profit est menée à outrance et les équilibres fragiles sont irréversiblement rompus.
Exacerbé par l'âpreté au gain ou par la stricte nécessité vitale, le rapport de puissance et de domination y est permanent. Il est le ferment des tensions sociales, portées à leur paroxysme lors des grèves – même l'étranger connaît leur nom : hartal - et des affrontements violents et meurtriers qui souvent les accompagnent.

Ma sensibilité est loin de s'émousser au contact quotidien de la prédation, de l'exploitation et de l'asservissement du faible par le fort, du pauvre par le riche et du fragile par l'habile.
Chez le pauvre, ne mange que celui qui travaille, et encore ne mange-t-il pas à sa faim. Cette lutte pour la vie ou la survie, bien plus réelle en ville qu'à la campagne m'a-t-il semblé, s'exprime dans le regard et dans les gestes. Les conflits relatifs aux tarifs des transports au moment du règlement, la manière dont l'argent est arraché des mains du passager d'un cyclo-pousse par son conducteur, témoignent de ce fait et heurtent l'étranger, lors de son premier séjour.

Il n'est pas de mot pour exprimer ce que doit ressentir un homme lorsqu'il se solde, pour aider à pousser un chargement de ciment ou de ferraille à la rampe d'un pont, ou pour porter une charge supérieure à son propre poids, à un coût nécessairement inférieur au prix de location d'un buffle ou d'un moteur électrique d'occasion. À ce tarif seulement il trouvera un halage, un portage, un poussage, un pelletage, un travail sur un chantier, dans une rizière ou en forêt, lui permettant en fin de journée de manger une platée de riz arrosée d'une sauce aux lentilles.
Il arrive aussi que le petit bazar du coin lui accorde, le matin le crédit du salaire d'une journée, soit 1 à 1,5 €, inconditionnellement remboursable le soir.

Qu'éprouve une femme contrainte à la prostitution, parfois dans les buissons et sur la pelouse des lieux publics, pour assurer le repas quotidien ?

Largement aggravée par la dérive démographique - la population a presque quintuplé en un siècle, passant à 1100 habitants au km^2 -, la misère, dans ce pays de tradition agricole, a pour origine la perte de la terre et la migration vers les villes. Les autres causes sont la maladie, le veuvage, le divorce ou la répudiation, ainsi que l'endettement. Les taux d'usure pratiqués au détriment de paysans ne sachant ni lire ni compter peut atteindre 20 % par semaine et même davantage. Ils ne permettent guère à l'emprunteur d'éviter le fatal engrenage l'amenant, de spoliations en hypothèques et d'hypothèques en spoliations, à perdre sa chèvre, puis les volets, la porte et les murs de sa maison et enfin son champ.

En l'absence de tout embryon de protection sociale, cette misère - que ce mot est un utile euphémisme - migre en ville et s'agglutine en poches. Elles s'étirent le long des rues, des rails, des canaux et des caniveaux. L'homme, terré sous des plastiques et des planches ou dans des abris d'infortune ficelés au dessus de la pestilence des marais ou sur le ballast des voies ferrées, survit par la collecte et le tri des déchets et ordures, par le travail des enfants, ou par quelque labeur de force et d'épuisement.
Quand, surexploité par un semblable - plus jeune, plus fort, plus intelligent ou plus habile - le harassement, la saleté, l'isolement ou la trop grande promiscuité l'atteignent au plus fragile de lui-même, il succombe et abandonne.
Seul ou en famille.
Vient l'errance, puis la dislocation et enfin le délabrement.
Pourquoi la vie, ou ce qui en tient encore lieu, est-elle d'extrême inhumanité pour tant d'hommes et si fastueuse et stupide pour bien d'autres, me suis-je souvent interrogé ? Et finalement, pourquoi est-elle perdue pour les deux ?
Est-il possible de tant boire et de tant manger, de tant acheter pour tant jeter, quand tant d'autres pâturent les ordures ?

Bien souvent cette phrase de Vivekananda, spirituel Bengali, m'est venue à l'esprit : « Le pauvre est pauvre afin que nous soyons secourus ».

Quel paradoxe !
Quand donc comprendrons-nous de quel secours il s'agit ?

Quand découvrirons-nous que la paix nous est donnée par le partage ?

Un bracelet au bras gauche, une jeune femme termine d'allaiter, assise sur le ballast

Douceur et tendresse d'une mère, en toute circonstance.

Faut-il être de bois ou de chiffon, putréfié d'orgueil et de mépris, pour ne pas être bouleversé par ces "dépotoirs d'hommes" le long des rails de chemin de fer au sortir des villes ?

Partout, partout, l'effroyable misère des campements d'infortune.

Deux ou trois gamelles en alu, l'un ou l'autre panier percé, d'informes bidons contenant l'eau.

Un maigre feu de papier, de déchets textiles et d'écorces de noix de coco.

Des tôles déformées et des plastiques troués, ficelés à un piquet, contre un arbre ou contre une clôture.

Des amas de toiles et de planches, des paillasses de claies, des couvertures trouées et des molletons étendus sur les toitures.

Des chiens galeux retournent les ordures. Un rat crie et se débat, attaché par la queue à une ficelle retenue par un gamin. Ses copains suivent et rigolent.

Des centaines d'enfants, grouillant de vie, trient les déchets, jouent aux billes ou shootent dans un ballon crevé.

D'autres courent en frappant d'un bâton le pneu d'une bicyclette en guise de cerceau.
Un homme foudroie d'une pierre un cobra s'évadant d'un tas de planches. Il crochète l'animal du bout d'un bâton et, comme d'un coup de fouet, le jette au loin. De nombreuses corneilles en sont témoins.

Le visage creusé, des enfants, trop adultes pour leur âge, ramènent au campement le gain de la journée.

D'une main douce et attentive, un gamin toilette son petit frère avec le contenu d'un bol d'eau.
De la tête aux pieds !

Une jeune femme, un bracelet au bras gauche, termine d'allaiter, assise sur le ballast.

Ainsi va la vie pour ceux que le fleuve, la maladie, l'usurier ou l'intolérance ont disloqués.
Ils furent paysans de la terre et bergers de l'eau, jardiniers et chasseurs de la montagne.

Un peuple ancré dans la souche du vivant

Un adolescent rentre au bidonville, campement de plastiques et de planches, en l'absence de bidons en tôle découpée. Il porte le contenu de sa collecte de papiers et de chiffons sur l'épaule. Elle lui permet d'acheter son riz et peut-être même une cigarette, de payer son oncle qui le rançonne ou de contribuer à la survie de ce qui lui reste de famille.
Un autre fasciné par l'affiche de cinéma, est figé devant elle.

A Dhaka, la gigantesque publicité d'une boisson qu'il est inutile de nommer couvre presque de son enseigne la hauteur de façade d'un bâtiment neuf de cinq étages.
Grâce au pilonnage médiatique d'images de surhommes, - à cheval ou en cabriolet, avec et sans armes, avec ou sans femmes -, les cigarettes perfusent leur cancer dans les bidonvilles les plus déshérités, où stagne déjà un nuage de poussière et de saleté rendant l'air irrespirable.

Ce peuple se condamne en fuyant la campagne dans l'espoir de survivre en ville. Car la ville n'a plus d'espace, elle étouffe de promiscuité, de rapine et de pollution, elle s'étrangle de saleté et de puanteur, à l'image d'autres capitales où près de la moitié de la population se meurt sur les décharges.
Mettre le feu aux bidonvilles, comme la pratique semble se répandre, ne fait évidemment qu'aggraver la situation. A Dhaka 12 000 personnes ont dû s'enfuir lors du dernier et tout récent incendie, attribué à la police.
Et personne n'a compté les morts.

Comment maîtriser la démographie sans élever le niveau de vie, sans dispenser l'enseignement, sans espérer l'emploi et sans assurer le logement ?
Comment élever le niveau de vie, dispenser l'enseignement, espérer l'emploi et assurer le logement, sans maîtriser la démographie ?

Ce peuple se désespère s'il demeure à la campagne. Comment concilier la mécanisation et le travail artisanal, le respect des sols, de l'eau, les productions locales, dans un environnement économique où l'on commerce l'argent pour l'argent, où la bourse mondiale dicte les cours des céréales, produites extensivement et largement subventionnées, au profit des plus grands ?

Ce peuple, ancré dans la souche du vivant - le cosmos, la terre et l'eau -, né du creuset des grandes traditions, est, comme tant d'autres, confronté à son anéantissement culturel par le laminage de la mondialisation.

Comment ne pas être indigné et insurgé face à l'ignominie de l'Occident qui, en une ou deux décennies, avec l'active complicité d'influents hommes politiques et hommes d'affaires, étrangers et locaux, ravage une culture, éteint une foi et extermine une tradition pour l'abject surprofit de quelques-uns, dont cent vies ne pourraient entamer le capital, et dont les enfants étudient, se marient et s'établissent à l'étranger ?
Ont-ils intérêt à livrer l'homme au néant, à le pousser dans le lit des intégrismes et des totalitarismes ?

Un poste de télévision branché sur une batterie de camion, introduit par portage jusque dans les endroits les plus vierges de la forêt, est la cause d'une probable et rapide déculturation. Indépendamment de la qualité des programmes, sa présence provoque une radicale rupture au sein des solidarités rurales. Elle injecte les stupides fantasmes de toute-puissance de l'homme blanc chevauchant sa divine technologie.
Installé dans la demeure du plus riche, c'est-à-dire du plus influent, cette télévision engendrera l'irrémédiable perte des valeurs traditionnelles, sans que de nouveaux repères aient pu apparaître et prendre le relais des enseignements séculaires.

La vidéo, par son extrême diversité, enseignera les formes de violence les plus raffinées et la plus subtile perversité dans un environnement où cette demande est, a priori, inexistante en temps ordinaire, et même insoupçonnée.

Qui peut passer du culte du travail à celui de la consommation, de l'autonomie à l'assistanat, de l'initiative à la dépendance, sans en être totalement ébranlé ?
Qui sait, sans perdre ses repères, parcourir en quelques mois plusieurs siècles d'évolution ?

Est-il exact que n'est juste que ce qui réussit, que n'est bon que ce qui rapporte, que n'est vrai que ce qui plaît ?

Les Adivasi

Qui appelle-t-on « adivasi » au Bangladesh ?

Une définition large pourrait être le nom donné à des populations autochtones descendant des aborigènes d'un pays. Ces populations se caractérisent par leur diversité culturelle, leur religion et leur mode d'organisation sociale et économique particulier et extrêmement varié. Estimées à 300 millions de personnes réparties dans 70 pays, elles sont parmi les groupes les plus défavorisés de la planète, victimes de discriminations et de conditions d'existence misérables.

Le terme « adivasi » dérive du sanskrit et désigne ceux qu'il est de coutume d'appeler les peuplades tribales. Ils sont très minoritaires, de l'ordre de 1% au Bangladesh, et présentent des similitudes avec les groupes vivant en Amérique du Nord et en Australie. On distingue 27 groupes différents au Bangladesh, dont 44 % sont estimés bouddhistes, 24 % hindous, 13 % chrétiens et 19 % autres.
Les groupes ethniques les plus répandus sont les Santals et les Chakmas (200 000 chacun), suivis des Marmas et des Mandis-Garos. Nous avons également séjourné parmi les Khasias, chez les Mrus et rencontré des Tripuras.

Sur le continent indien, les « adivasis » sont antérieurs aux envahisseurs aryens, à l'origine du système des castes. Ceux-ci, menés par les Brahmans, laissèrent pour compte les « harijans » intouchables, groupe composé d'autochtones dominés, et repoussèrent au sud les Dravidiens.

Avec les Khasias, mastiquer la noix d'arec auprès de Dieu ...

Etablis au nord-est du pays, les « adivasi » Khasias commercent le bambou, qu'ils assemblent en larges éventails, noués entre eux en d'impressionnants convois, serpentant par flottage au fil du fleuve sur des centaines de kilomètres. Les convoyeurs y demeurent pour la durée du voyage, une, voire deux cabanes étant construites à bord. Pour nous, tenir debout sur ces troncs instables relève de l'acrobatie. On ne cesse de glisser et une fois la jambe prise, on a l'impression d'être inexorablement happé par le fond de l'eau.

Nombreux sont les Khasias qui pratiquent la cueillette de la feuille de bétel. Elle assure l'essentiel du revenu de nombreuses familles. Cet arbre est un grand poivrier grimpant, d'accès difficile, à la feuille large et consistante.
La cueillette s'effectue à la manière dont on récoltait les cerises dans nos campagnes. Une longue perche de bambou, piquée dans le sol et étagée de courtes traverses, est adossée aux branchages. L'exercice est plein de périls en raison de l'instabilité de "la poutre-échelle". Les feuilles sont ensuite montées sur une sorte d'épingle végétale et vendues à faible prix au grossiste, par lots de 3 000.
Associées généralement à de la chaux vive et à de la noix d'arec - fruit de l'aréquier dont on tire aussi le cachou -, elles sont chiquées dans tout le Bangladesh. Leur saveur épuisée, la mixture est vigoureusement recrachée d'un jet horizontal. On la retrouve durcie, sous la forme d'un crépi coloré, dans l'angle des paliers d'escalier des hôtels à petit prix. Ses vertus et propriétés sont réputées stimulantes et astringentes.

La terre est une latérite dure et peu fertile, les villages sont pauvres, souvent sans accès direct à l'eau. Les puits creusés au sommet des collines sont fréquemment taris.
Là encore se pose un insoluble problème de propriété. Pour soulager la pression démographique dans la plaine, le gouvernement encourage les colonies de peuplement à s'établir en forêt. Les

"intrus", de religion musulmane, mettent en valeur de nouvelles terres et cherchent à s'approprier les forêts pour en extraire les arbres, devenus si rares au Bangladesh. Que peut faire le villageois devant un éléphant attelé, tirant les plus belles grumes de sa forêt ?

Il tente éventuellement de faire valoir ses droits, mais toute action est presque vouée à l'échec, car, en supposant qu'il soit informé de la législation, il ne sait ni lire ni écrire et n'est pas en mesure de soudoyer le juge. Ceci serait malheureusement nécessaire, nous a-t-on expliqué, pour l'obtention d'une juste et... aléatoire décision.

Il lui arrive cependant de porter plainte et, soutenu par un organisme qui le défend et plaide en son nom, de gagner le procès ou, plus souvent, d'accepter un arrangement.

Certains villages se protègent, plutôt symboliquement, et sont ceints d'une clôture en pieux de bambou. Leur traversée donne lieu à justification auprès des gardiens, quand le rapport de force ne leur est pas défavorable.

La porte est verrouillée tous les soirs, comme du temps de notre Moyen Age.

Tomber nez à trompe sur papa éléphant, accompagné de l'épouse et de leurs enfants...

Dans ces régions de jungle sans horizon, parcourues de gorges et de canyons, un étrange sentiment de vie ancestrale nous envahit, comme si nos lointaines racines renouaient leur ancrage dans le tréfonds des siècles.
À franchir ces ponts de liane, à lire les traces et laissées, on éprouve face à tant d'inconnu, une curieuse impression de "naturel authentique". Ce qui, au pays, fait notre quotidien - l'habit, la rue, la force motrice, les magasins, la maison en pierre et à étages -, paraît, à cette distance et en cet environnement, totalement déplacé et inutilement rajouté.

Malgré une rapide acclimatation, la surprise est de taille : patauger tant d'heures pieds nus dans la boue des ruisseaux et des rivières, ou descendre de collines glissantes comme du verglas sous une pluie de mousson, coiffé d'une feuille de bananier en chapeau de gendarme, est aussi inhabituel que de tomber "nez à trompe" sur papa éléphant déambulant avec épouse et enfants dans un canyon si étroit qu'en secouant leurs oreilles ils en époussètent les parois !
Inutile de dire que la fuite fut si rapide qu'on en perdit les chaussures.

Les habitants ont gardé un art de vivre associant la fête et le travail, la terre et les dieux.

Lors des funérailles, par exemple, on salue le défunt et on lui recommande « de se réveiller et d'aller vers le royaume de Dieu où il pourra mastiquer la noix d'arec à satiété ».
Les réjouissances donnent lieu à d'abondantes libations, dont l'importance est fonction du temps et de l'argent disponibles, de l'influence des traditions, et aussi de l'éventuelle proximité dissuasive d'une mission baptiste, presbytérienne, chrétienne ou autre !

Les divers prédicateurs et porteurs de vérité ayant séjourné en ces lieux, de confessions variées et souvent irrespectueux des cultures et traditions, n'ont pas manqué de créer, ici comme ailleurs, de regrettables confusions par la diversité de leurs enseignements et leur climat de compétition fortement empreints de clientélisme.

Des pierres et des hommes

Très au nord, à la frontière avec l'Inde, deux fleuves enfouissent leurs galets, charriés depuis l'Himalaya. Leur puissance lors des moussons est d'autant plus colossale qu'ils traversent la région la plus arrosée de la planète. En effet, à Cherrapoundji sur la frontière de l'Assam Indien, il tombe en moyenne 11,5 mètres d'eau par an.
Ces carrières de pierres se situent à Jaflon et à Saipur, au-delà de Sylhet. L'altitude est d'environ 300 mètres ; elle avoisine les 3000 mètres quelques kilomètres plus au nord. Pendant la saison des pluies, les fleuves dévalent de cascades en cascades, chargés de galets et de pierraille qu'ils répandent et enfouissent dans les alluvions de la plaine. Ces pierres sont de tailles et de formes variables, leur poids pouvant varier de celui d'un oeuf de pigeon à plusieurs centaines de kilos.
Au moment de l'étiage, en hiver, les "mineurs de pierre", extracteurs professionnels, au nombre de 10 000 dit-on, fouillent et grattent le sol au moyen de barres à mine, de pioches et de pelles. Ils travaillent au fond de cratères de plusieurs mètres, ou dans le lit même du fleuve. Dans l'eau jusqu'à la taille, ils dégagent les blocs des limons environnants et roulent les plus gros d'entre eux jusqu'au bord du cratère ou jusqu'à la rive. Les pierres de taille moyenne sont déposées dans des nacelles en tissu accrochées à des traverses en bambou et portées par plusieurs hommes. D'autres ouvriers remplissent de grands paniers qu'ils chargent sur une épaule. Leur poids avoisine probablement les cent kilos.

On ne peut être insensible au spectacle des enfants. Tels des canards, ils nagent puis plongent en apnée dans l'eau froide, à plusieurs mètres de profondeur. A intervalles cadencés, ils refont surface et vident le seau chargé de quelques livres de cailloux dans une barque. Ils ont raclé le fond de la rivière aussi vigoureusement que possible. Les casseurs sont également des professionnels. Hommes, femmes et enfants sont installés sur d'impressionnants tas de cailloux. Outillés d'un marteau au long manche souple en bois de bambou fendu, ils tapent et tapent à longueur d'année sur les cailloux. Les doigts de leur main libre sont quelquefois protégés contre les éclats de la pierre par des doigtiers grossièrement fabriqués dans le caoutchouc de chambres à air de vélos.

Tout va très vite, chaque morceau de caillou est repris jusqu'à la granulométrie souhaitée. Un clignement des paupières protège les yeux des éclats de la pierre à chaque coup de marteau. Cela s'avère insuffisant, car beaucoup d'ouvriers souffrent de troubles oculaires ou deviennent aveugles avec l'âge. Les plus nantis se protègent du soleil par un parapluie, tant il est ardent dans cet univers minéral.

Le propriétaire de l'entreprise vit généralement à Dhaka. Il ne possède ni ne nécessite de bureau ou d'équipement, les outils appartenant aux ouvriers. Son rôle est de négocier une concession, d'embaucher au prix le plus bas et d'assurer l'écoulement des produits concassés. Leur transport se fait par pirogues plates élégamment effilées et portant l'immatriculation gravée sur la planche de poupe. Depuis peu de temps, des camions tout-terrain prennent le relais.

Tout ce monde est payé au rendement. Les ouvriers les plus performants atteignent un salaire décent, en extrayant près de deux mètres cubes de sable ou plus d'un mètre cube de pierres par jour, ou encore en produisant plus d'un demi mètre cube de cailloux concassés.

Si les moyens mécaniques sont inexistants, la maîtrise d'une technique bien primitive est parfaite.

Du martèlement des pierres, du halètement des hommes, s'élève une bien étrange mélopée.

Les Mandis-Garos : le matriarcat

Estimés à environ 100 000 au total, les aborigènes-adivasi des tribus Mandis, appelés plus familièrement Garos - Mandis serait aussi le nom d'un singe -, habitent en grand nombre et depuis des siècles la forêt de Modhupur, la plus vaste forêt de plaine du Bangladesh, dans le district de Tangail.
Ils ont un mode de vie et des problèmes existentiels comparables à ceux des Khasias : ils sont tribaux, pour la plupart sans titre de propriété et mènent une vie forestière et agricole.
Les autorités tentèrent d'évincer les Garos de leurs terres par le moyen des expropriations. Elles essayèrent également de déplacer cette main d'oeuvre, réputée excellente, vers les jardins à thé, en qualité de manoeuvre. La nationalisation des forêts, suivie de leur gestion par les Zamindars indiens, ne les autorisa à conserver que de petites parcelles de terre.
Les terres gouvernementales sont constituées de terrains d'exercices militaires et de vastes forêts plantées d'hévéas et de bois de feu. Le déboisement, pratiqué au nom de la "reforestation", a détruit tout l'écosystème existant.

Le mode de vie des Garos diffère sensiblement de celui des musulmans et des hindous.
Ils bonifient une latérite ingrate, parcourue de zones humides et basses permettant la culture du riz. Les céréales sont cultivées par assolement triennal dans les clairières créées par abattage, puis par brûlis.

Leurs terres sont enregistrées au nom des femmes et la succession organisée en lignage matriarcal. Dans la tradition des Garos, l'homme ne possède rien en propre et ne peut disposer d'aucun bien sans l'accord de sa femme ou des ascendants de celle-ci. L'héritage est transmis à l'une des filles au choix, tandis que chez les Khasias, établis plus au nord, la fille aînée est d'office l'héritière.

Dans la croyance traditionnelle Garo, l'âme du défunt quitte le corps et selon le principe de la réincarnation, effectue le hasardeux voyage au travers de la vallée de la mort vers la montagne sacrée, située dans l'état indien voisin du Meghalaya. La place de la crémation est nettoyée et lissée avec de la boue, puis le lendemain matin, le destin de l'âme est interprété selon les signes et traces retrouvés. La meilleure réincarnation consiste en le retour dans la lignée matriarcale. Les ancêtres sont étroitement associés à la vie et honorés à chaque célébration, rappelant ainsi la grande importance du lignage.

La religion des Garos cultive de fortes valeurs morales, elle est empreinte de nombreux symboles liés à la nature. Le dieu du soleil est aussi celui de la création. Il est honoré lors des fêtes de la moisson, tandis que la déesse de la lune est associée à la prospérité.

Un grand nombre de Garos sont chrétiens, les premières conversions datant de la fin du 19ème siècle. Ceci ne les empêche nullement de pratiquer la religion selon des rites associés à leurs traditions.

La communauté Garo est connue dans tout le Bangladesh pour sa joie et son honnêteté. Elle a le sens de la fête et de la danse, aime chanter et festoyer en ingurgitant à certaines occasions de grandes quantités de bière et d'alcool de riz. Elle vit pacifiquement et cultive un scrupuleux sens moral. Cette qualité vaut à ses enfants d'être fréquemment employés comme personnel de maison par la bourgeoisie locale et par les expatriés, et aux femmes de travailler dans les entreprises de confection installées à Dhaka.

Le séjour effectué parmi eux laisse un brin de nostalgie, tant ils sont accueillants. Tous les soirs je partageais leur veillée autour du feu sous les arbres, assis sur un petit tronc ou sur une planchette, entre les huttes en bambou ou les cases en terre. Je ne rejoignais ma couche que bien tard, pour me retrouver à nouveau près des cendres incandescentes entre cinq et six heures du matin. Toute la forêt bruissait de leurs bavardages, stimulés par l'alcool de riz, offert copieusement à tour de rôle entre voisins. La raison - ou le prétexte - de ces assemblées tardives est le besoin de se réchauffer, car ces forêts sont fraîches en hiver et les populations peu résistantes au froid dans des huttes sans âtre.

Aussi est-il admis que la chaleur du feu, augmentée par celle de l'alcool et de la pipe à eau, assure au corps une nuit réparatrice.

Le retour vers la ville fut, une nouvelle fois, éprouvant. Pendant près de trois heures, nous étions entassés dans un "baby-taxi" s'apparentant au modèle "petite bétaillère", sans pouvoir bouger. Il s'agit d'un taxi scooter à trois roues, de 4 à 12 places selon l'affluence, appelé "tempo". Nos mains s'agrippaient au cadre de la banquette pour ne pas décoller et nous fendre la tête aux traverses métalliques du toit, tant nous étions projetés sur ces chemins de trous et d'ornières, les gaz d'échappement du deux-temps nous suffoquant dans l'habitacle.

Nous avions beau tenter de rire du rapiècement du pare-brise déchiré recousu au fil de fer, la présence d'un impressionnant boulon près de la tête du conducteur nous inquiétait ; nous avions beau tenter d'observer le manège de grands singes sautant d'arbre en arbre dans la travée, il nous fallait d'urgence trouver de l'air et ne pas respirer que de la poussière.
Un autre jour, lors d'un trajet en camion, le nuage fut tellement opaque qu'il nous fut impossible de constater si les passagers, initialement installés sur le plateau, étaient encore du voyage.
Raisonnablement, ils auraient dû être éjectés, tant ils avaient été chahutés.

Mais au Bangladesh il y a trop de monde et on ne perd jamais personne.

Les Marmas : quel bonheur de rencontrer ce peuple doux et souriant

Quel bonheur de rencontrer ce peuple doux et souriant, tranquille et beau, dont le nom est synonyme de pirate pour les Bengalis et les Anglais ! Installés en ces forêts du sud depuis le XVIIe siècle, lors des guerres birmanes, les Marmas sont bouddhistes et animistes.

Leurs huttes ressemblent fort à des maisons. Montées sur pilotis, elles sont fraîches et accueillantes, aussi fraîches que l'eau des cruches disposées à l'entrée des villages sur des auvents à l'abri du soleil, à l'attention et à la discrétion du voyageur.

Les femmes tissent sur la terrasse ou sous un arbre, à l'abri du soleil, tout en fumant une petite pipe à long tuyau, auquel est annexé un petit grattoir à culot, retenu par un fil.

Les Marmas pratiquent la culture sur brûlis, tout comme les autres peuples forestiers. En avril, ils choisissent un endroit boisé de la colline et le défrichent, à l'exception des gros arbres dont ils ne coupent que les branches inférieures, le meilleur endroit étant celui couvert de bambou. Le bois sèche jusqu'en mai, où le feu est mis aux branches, au risque d'embraser la forêt. Dès l'arrivée des premières pluies, toute la communauté s'affaire à semer les graines dans le sillon creusé par le dao, outil polyvalent par excellence.

Cet instrument omniprésent, dont le fer est *importé* d'une région voisine, est une machette droite au manche en bois. L'homme semble ne jamais s'en séparer. "Ce poignard-hache-couteau" lui sert aussi bien à fendre le bambou pour le tressage d'un panier ou la fabrication d'un plancher, qu'à égorger un porc ou à se défendre des animaux sauvages.

Si la pluie survient rapidement, la récolte est assurée. La communauté se disloque provisoirement, chaque famille allant construire sa hutte sur ses terres ensemencées pour s'en occuper et protéger la récolte de l'incursion des bêtes sauvages.

En septembre, le riz est récolté. Le décorticage se fait "à l'ancienne". Une femme ou deux jeunes filles actionnent du pied une lourde poutre en bois, articulée en son milieu et équipée à l'une de ses extrémités d'un pieu. Par le mouvement de bascule, il vient frapper les graines, prisonnières d'une cavité en forme de calotte renversée, implantée dans le sol. Elles se séparent du péricarpe, appelé communément *son*. Pour se stabiliser et avoir de bons appuis, les femmes se tiennent volontiers d'une main à une traverse de la toiture ou, lorsqu'elle est trop haute, à une corde nouée. Avant la fréquentation des minoteries mécanisées, chaque famille utilisait sa propre machine de décorticage, installée dans un coin de la maison ou sous un auvent, lorsque la maison était construite sur pilotis. Toute la campagne bangladeshie résonnait, de maison en maison et de village en village, de ces battements rythmés et mutuellement entraînants.

Le vannage fait suite à cette activité, vorace de temps et fatigante. Il s'opère accroupi au sol au moyen du van, plateau tressé en lamelles de bambou, ovale et concave, fermé par un rebord sur les deux tiers de son périmètre. En l'absence de vent, un geste très technique est nécessaire pour faire s'envoler le son par gravité et centrifugation de cette corbeille extra plate.

En souhaitant nous faire plaisir, nos hôtes ont rendu certaines situations cocasses.
Ainsi un jour, pour nous remercier de la construction d'une école, un podium fut dressé en pleine forêt, et une batterie d'accumulateurs de camion destinée à l'alimentation d'un micro, apportée - je ne sais depuis quel marché -, à dos d'homme. Des échafaudages en bambou furent érigés et tendus de toiles autour de l'estrade, pour "faire vraiment spectacle".

Les chants et les danses se succédèrent, avec entrain et grâce. Le public se limita à tous les habitants d'un petit village.

Tout fut parfaitement réussi, en particulier le décor représentant les gratte-ciels de Manhattan ou Paris La Défense.

On se serait cru au pays, en cette si belle forêt vierge. À la fin du spectacle, chacun prit un brandon dans le brasier pour éclairer la sente le menant à sa hutte. Les enfants grimpèrent sur le dos de leurs parents et la dislocation se fit dans la discrétion et le respect de la tradition bouddhique.

Les plus beaux Mrus paraissent édentés

Tout comme les Marmas, ces autres populations « adivasi » subviennent à leurs propres besoins de manière quasi autarcique. Elles fabriquent leurs outils, tissent leurs vêtements, font pousser leurs légumes, élèvent leurs animaux et construisent leurs maisons en bambou sur pilotis. Tous les assemblages, qu'ils concernent le plancher, les poutrelles ou la couverture, sont assurés par de simples et solides nouages en lanières végétales, généralement du bambou.
L'alimentation principale des Mrus consiste en riz arrosé d'un jus de légumes, d'huile, de sel et de piment. Toutes les viandes sont appréciées, y compris celles d'oiseaux, de reptiles et de singes, coupées en lanières et séchées au soleil.
On fume le tabac et parfois l'opium, on boit de la bière et de l'alcool de riz, distillé artisanalement sur le feu de l'âtre familial.
Les repas se prennent à même le sol, femmes et enfants installés en cercle, à demi assis, une main sur le plancher, chiens et chats à proximité et prêts au chapardage. Du riz emballé est gardé au chaud dans un enroulement de feuilles de bananier.

Agriculteurs de montagne, hommes et femmes défrichent, plantent, récoltent, prennent soin de leurs enfants, s'occupent du bétail et pêchent dans le ruisseau à l'aide de barrages et de nasses tressées, superbement manufacturées.
L'égrenage du coton se pratique avec une petite machine en bois, comportant une vis sans fin et un engrenage, de fabrication locale et de conception élaborée. Le filage est également manuel, la filandière partant de la matière brute qu'elle enroule sur un fuseau. Le tissage est un exercice de plein air s'effectuant sur la terrasse pour les laizes étroites ou sous un arbre pour les pièces d'étoffe plus conséquentes. La chaîne, retenue par la taille de la tisserande assise sur le plancher, est tendue par la poussée des pieds sur une traverse en bambou. La navette est passée à la main. Les propriétés tinctoriales des plantes sont utilisées et transmises de génération en génération. L'armure du tissage, produisant de magnifiques "tissés-teints" aux couleurs bleue et or, authentifie l'appartenance ethnique.

Toutes les tribus fabriquent elles-mêmes leurs instruments de musique : tambours faits de troncs d'arbres évidés recouverts de peaux, luths à trois cordes, gongs en cuivre de diverses dimensions, et un instrument à vent bien curieux. Il tient de la flûte et de la cornemuse. L'autre extrémité du bec rejoint une sorte de grosse calebasse, dans laquelle sont plantées des tiges creuses de bambou surmontées d'un corps plus large amplifiant le son. La musique se limite à une note grave et à une note aiguë, produites chacune à l'inspiration et à l'expiration. Le souffle doit être d'autant plus puissant que l'instrument est long. Il nécessite du coffre pour jouer des grandes "orgues", dont la longueur peut atteindre deux à trois mètres.

La peau des plus vieux, par sa carapace à multiples pliures et jointures, s'apparente à une armure

Des *fanfares* équipées de la sorte nous ont toujours accueillis chez les Mrus. La délégation des jeunes filles, en jupettes autour de la taille, se tenait à l'entrée des villages, des colliers de fleurs fraîches à la main, prêtes à nous enrubanner. Elles étaient accompagnées d'hommes en tenue guerrière, c'est-à-dire quasi nus, des fleurs dans les cheveux, et de tous ceux qui habitent au village, bestiaux compris.

Dans ces forêts reculées de la jungle, dont l'accès est difficile en l'absence de chemins, mais également pour des raisons de sécurité militaire - une autorisation était nécessaire, suivie d'une nuit au poste de police -, on ne peut manquer d'être surpris par la grande coquetterie des femmes et des hommes. Dès leur plus jeune âge, garçons et filles portent des bracelets et des colliers en argent de belle facture et hors d'âge, autour des bras, du cou, des chevilles, et de la taille. On peut se demander s'ils ne présentent pas une gêne pour l'intense travail qu'accomplissent les femmes. La beauté de celles-ci est rehaussée par le percement du lobe de l'oreille, dans lequel elles introduisent une sorte de minuscule trompette en argent. Elle recevra, tel un petit vase percé, quelques fleurs fraîches assemblées en bouquet, cueillies journellement.
Les femmes sont toutes torse nu, de solide charpente, belles de corps et mères d'un nombre restreint d'enfants.

Ont-elles tant plu aux hommes pour qu'ils aient renoncé au pouvoir, conférant de la sorte le statut de matriarcat à ces communautés ? La distribution des rôles ne semble pas avoir avantagé les femmes, les plus gros travaux tels le portage de l'eau, la coupe et le transport du bois, leur revenant. Elles sont résistantes, car des charges de cinquante kilos à monter au sommet des collines ne les effrayent nullement, malgré la raideur de la pente et le ravinement des sentiers, que la latérite transforme en invraisemblables et dangereux toboggans à la première pluie.

Le souci esthétique des hommes jeunes et des adultes est évident. Est-il dû à l'inversion des rôles ? Ils portent de très longs cheveux noirs, dont les mèches sont reprises en chignon à l'avant, légèrement excentré. Eventuellement gonflé par l'adjonction de mèches achetées au marché, il est maintenu par un grand peigne de couleur, aujourd'hui en plastique, planté en travers. Le grand chic consiste à se noircir les dents, ce qui confère à la mâchoire une magnifique et trompeuse apparence édentée.

Les Mrus cultivent le riz de montagne, souvent à quelque distance du village. Le travail est collectif et l'assolement triennal. Leurs maisons, également sur pilotis, sont assurées d'une bonne ventilation en ces régions tropicales. L'incursion des animaux rampants de la forêt est impossible.

Le tressage du plancher est suffisamment lâche pour permettre la pratique familiale du "crachoir-vide-ordure", assurant un complément alimentaire par voie verticale et automatique au bétail.

Celui-ci se tient de jour alentour et de nuit se confine sous le plancher de l'étage, tous sexes et races confondus. Il s'ensuit des bruits variés et des odeurs musquées.
D'autres relents sont franchement nauséabonds : ils proviennent des porcs, hybrides du cochon et du sanglier. La peau des plus vieux, par sa carapace à multiples pliures et jointures, s'apparente à une armure.

L'accès à l'étage se fait par un tronc d'arbre incliné, quelquefois garni d'une rampe. Il est entaillé de marches, souvent étroites et glissantes. Il interdit, mieux qu'un escalier, la visite du genre animal non ailé et l'envahissement par des voisins non souhaités.
Bien que toute commodité soit absente, les habitants sont d'une parfaite propreté, se rendant au moins une fois par jour à la rivière pour une toilette complète. L'absence de latrines ne pose pas de problème et l'environnement est respecté : la nature ayant organisé les choses afin que rien ne se perde ; le porc, averti par quelque instinct familier, nous accompagne volontiers lorsqu'il remarque notre besoin de nous éloigner. En situation, il est préférable de ne pas s'attarder.
Ce même porc peut, en votre honneur, vous être servi au dîner.

Un petit sceptre en argent, d'environ dix centimètres de longueur, est planté dans le haut de l'oreille

A l'occasion de certaines fêtes, les Mrus mangent également du chien, tout comme nous dégustons du lapin. Ces braves canidés sont aussi leur animal de compagnie, gardiens efficaces contre l'incursion du chacal qui se signale par son insistante envie de volaille en jappant une bonne partie de la nuit. Le chiot est la peluche et le doudou des petits, qui ne possèdent évidemment d'autres jouets que ceux que la nature leur propose, en son extrême diversité.

La religion est animiste. Une cérémonie très particulière a lieu chaque année. Elle consiste en un sacrifice rituel d'une vache, accusée d'avoir consommé les feuilles de bananier sur lesquelles étaient transcrites les *Saintes Ecritures* et d'avoir en outre avalé des vêtements que les femmes avaient laissés au bord de la rivière en allant se baigner.
C'est aussi l'occasion pour la communauté de faire le point, de régler les différends et d'apaiser les colères et conflits.

La langue est uniquement orale et, malgré nos recherches, il ne nous a pas été possible de trouver parmi les Mrus un enseignant capable de leur apprendre le bangla, langue nationale, dans les écoles récemment construites. La tâche revient à des membres de la tribu Tripura, qui seraient les *premiers* aborigènes des Hill Tracts de la région de Chittagong, au sud-est du pays.

Les femmes Tripura se font remarquer par l'élégance de leur port, leurs manières bourgeoises de haute société et les chapelets de colliers enfilés autour de leur cou, en un nombre interminable de tours. Elles portent également une sorte de petit sceptre en argent, d'environ dix centimètres de longueur, planté dans la partie haute de l'oreille.

Les transports

L'employé les houspilla durement, puis ouvrit la porte donnant sur la voie

Avoir parcouru quelques milliers de kilomètres dans ce pays, avoir battu des records de lenteur, avoir passé tant d'heures sur les routes et ne pas décrire sur quelques pages les transports et le folklore qui les accompagne, serait priver le lecteur de sensations auxquelles il ne pourra en aucune façon échapper, si un jour, la curiosité et la témérité l'y conduisaient.
Mais pourquoi s'exposer au risque et souffrir, alors que l'unique moyen de découverte véritable d'un pays est de le parcourir à pied, au lent rythme de la marche à travers les campagnes ?
Je l'ai fait, en partie et par étapes, avec beaucoup de curiosité et d'intérêt. Il me reste à le refaire, du nord au sud et d'une seule traite, en hiver certes, mais aussi en été, lorsque le pays est sous l'eau et que tout déplacement devient une réelle expédition.

Les transports sont, pour la plupart, éprouvants car l'état des routes est très médiocre. Certains axes sont à peine praticables, les règles de conduite collective ignorées ou transgressées et la grande majorité des véhicules délabrés. La plupart des chemins sont en terre, les meilleurs d'entre eux étant carrelés de briques disposées en diagonales, de fabrication locale et signées de l'initiale de la briqueterie.

Un grand effort a été réalisé ces dernières années pour aménager quelques portions de *voies rapides* entre certaines villes dans le sud du pays, mais l'insuffisance des moyens techniques se conjugue à la complexité des travaux.

Cette précarité de moyens, liée en partie à un réservoir de main-d'oeuvre pléthorique et très bon marché, autorise, par exemple, le spectacle d'une centaine de femmes accroupies en lignes, frottant la chaussée, une brosse à la main, dans un opaque nuage de poussière, avant la pose d'un enrobé.

La complexité des travaux est le fait de deux facteurs interactifs : la géologie et l'hydrographie. Le sous-sol est instable et les fleuves vagabonds. Une plaisanterie peu charitable commente la situation : « les Bengalis savent parfaitement construire des ponts, mais sont incapables de faire passer durablement la rivière en dessous ».

A l'exception du service de luxe des coachs circulant entre certaines grandes villes du pays, les transports sont exécrables, d'un point de vue occidental, bien entendu.
Ni express, ni rapides, bien au contraire - car toujours derniers à l'arrivée -, les coachs offrent l'avantage de la sécurité. Les étrangers, peu spartiates en matière de confort, apprécient, vu la longueur des trajets, le repos que procurent les fauteuils, revêtus de vrais tissus, garnis d'appuis-tête et de cendriers, et même équipés de repose-pied. Un *steward*, stylé et bien sapé, veille sur le bien-être des passagers ; les bagages sont en soute et sous clé, à une ou deux heures près les horaires respectés et la vitesse réellement limitée.

La musique est supposée douce, les suspensions sont confortables et un arrêt offrant une possibilité de restauration est programmé. La place assise est non seulement assurée, mais on est réellement seul sur son siège, sans les pressions de ses voisins et sans l'habituel enchevêtrement de tibias cherchant deux décimètres carrés de sol où poser les pieds.
La faible probabilité de verser dans le fossé justifie un coût de transport élevé. De ce fait, ces commodités sont réservées à la *middle-class*, attaché-case à la main !
Mais ne dit-on pas que la sécurité n'a pas de prix, et pour nous, emprunter en fin de séjour ces bus de luxe n'est qu'une modeste consolation des maltraitances subies sur les routes.

Le rêve : peindre sur son véhicule le portrait de stars

Le cyclo-pousse est le taxi de tout le monde. Les conducteurs se compteraient par millions au Bangladesh, pour la plupart locataires. Tout l'art populaire s'exprime dans la décoration haute en couleur et souvent très imagée de ces engins. Les sujets sont d'une extrême variété, tantôt bucoliques : le cottage, les fleurs, les oiseaux, l'attelage, la ferme, tantôt naïfs : les colombes, les tigres, les scènes de vie animale, tantôt futuristes : les avions gros porteurs, la modernité, le gratte-ciel ou allégoriques. La plupart d'entre eux représentent cependant le rêve local : le portrait de stars nationales, chanteuses et vedettes à la mode, connues de tout le monde. Deux petits vases en laiton installés sur le guidon, accueillent, occasionnellement, quelques fleurs en plastique.

Médiocrement confortable en ville, le cyclo-pousse devient difficilement praticable, tant pour le conducteur que pour le passager, lorsque les chemins ne sont plus carrossables ou lorsqu'il est surchargé. Pourtant, ce moyen est couramment utilisé pour le transport d'un blessé ou d'une femme à la clinique lorsque l'accouchement se passe mal, ou que le bébé se fait vraiment trop attendre.
Assis sur la banquette, j'observe l'effort que doit fournir le conducteur pour assurer l'avancement du cycle. Son corps, rarement assis sur la selle, est tendu à l'extrême. Ses muscles fins et saillants tirent sur le guidon et appuient sur les pédales avec une force souvent supérieure à son poids. La sueur traverse la chemisette et trempe son dos.
À bord de ces trois roues, je ressens un mal-être à me faire transporter de la sorte. J'éprouve la sensation d'être le cocher d'un attelage. C'est la raison pour laquelle je ne suis jamais monté sur un rickshaw tiré par un homme à pied, s'attelant et galopant entre deux brancards, dans Calcutta.

En ville, des milliers d'équipages slaloment entre les bus, camions, chariots à brancards, cyclo-pousse à plateaux et piétons, dédaignant toute signalisation. Le concert de klaxons redouble en cas de bouchon. Il constitue un bien insupportable et permanent vacarme de fond, édulcoré par le trille aérien des sonnettes. Casquée de blanc, vêtue de kaki et affublée de rigides jambières hautes dans lesquelles flottent et pivotent les mollets, la police, installée sur un îlot ou prisonnière du trafic, mouline à tours de bras, le sifflet en bouche et un bâton à la main, dans la poussière et dans la fumée des échappements. De temps en temps et plus fréquemment vers les fins de mois, elle se distrait en rançonnant un pédaleur de cyclo-pousse pour quelque imaginaire infraction - l'absence de *licence* pour le véhicule, par exemple -, après l'avoir intimidé d'un coup de bambou asséné sur la capote de sa machine. N'était cette détestable pratique, la police mériterait notre compassion.

Le prix de la course est toujours convenu au départ... et très souvent contesté à l'arrivée. Le prétexte d'un supplément peut être l'allongement du parcours, le conducteur croyant avoir compris votre destination, ou la connaître. D'autres fois, et on le comprend, il majore le prix en raison de la richesse supposée du passager, comparativement illimitée.

Les accidents de cyclo-pousse, relativement rares compte tenu de leur densité, sont généralement bénins en ville et souvent mortels à la campagne.

Le taxi scooter, appelé "baby-taxi", est omniprésent et hyper puant. Il est la cause majeure de la pollution *automobile*. Equipé d'un moteur "Fiat" à deux temps et à fort pourcentage d'huile dans le carburant, il est carrossé localement. D'une mobilité extrême - il fait demi-tour sur place -, il se faufile partout en sillonnant la ville en quête de clients. Il admet autant de passagers que possible à l'arrière, plus un, voire deux, à l'avant, partageant l'étroite banquette du conducteur. D'un prix de transport nettement plus élevé que celui du cyclo-pousse, il offre moins de sécurité, car plus rapide et plus maniable. Ses superbes peintures décorent principalement le tablier arrière, et constituent un musée ambulant des rêves et fantasmes populaires.

Ce paquebot va, chaloupant sur ses roues ; il roule et tangue à chaque virage

Le camion et son chauffeur - roi de la route, comme l'était le tigre dans les forêts du Bengale - ne semblent utiliser que deux commandes, celle de l'accélérateur et celle du klaxon. Les conducteurs pratiquent la conduite en chasse-neige et dégagent au klaxon tout ce qui freine leur élan et ralentit leur vitesse. À leur approche, piétons, troupeaux, cyclo-pousse et attelages évacuent les bas-côtés ou plongent dans le fossé. Le risque est proportionnel à la fébrilité du klaxon. Aussi est-il exceptionnel de ne pas être témoin d'un accident mortel, à chaque séjour.
Les accrochages ne donnent lieu ni à arrêt, ni à constat. Ainsi le conducteur du *micro-bus* que nous empruntions a-t-il laminé une bicyclette sans penser à stopper son véhicule, le jeune garçon s'étant éjecté à temps. Une autre fois notre bus a écrasé un cyclo-pousse contre un immeuble dans un tournant, comme s'il n'avait renversé qu'une poubelle.

En Inde voisine, le désespoir des populations est tel, les accidents graves étant si injustes et si fréquents dans les traversées de villages, que le chauffeur est très souvent lynché ou lapidé, s'il n'arrive à fuir et à s'abriter dans un poste de police.

Les transports en commun portent parfaitement leur nom pour véhiculer autant de personnes comprimées sur quelques mètres carrés, mais il serait plus juste de parler de volume ou de surface développée.

En effet, le toit est occupé par l'excédent de passagers, par quelques bicyclettes, par des poulets dont cent têtes émergent des mailles du filet recouvrant les couffins, par des paniers à fruits et à légumes, par des ballots divers, que tout ce monde tentera de vendre au marché.
Le nombre de places étant illimité et le Bengali souple et mince, on ne manque pas d'être surpris, en cas de sur affluence, par la folle grappe humaine accrochée aux barreaux de l'échelle arrière. D'autres passagers, debout sur le rebord des fenêtres latérales, vitres abattues ou cassées, se retiennent solidement à la galerie du toit pour

éviter d'être centrifugés dans les tournants du voyage.
Ce paquebot va chaloupant sur ses quatre ou six roues, roule et tangue à chaque virage. Il se fraie un passage dans l'encombrement des villages, usant du klaxon, de cris et du bruit métallique des magistrales claques administrées sur la tôle par "l'aide-chauffeur-receveur". Debout sur le marchepied, le corps déporté à l'extérieur, une liasse feuilletée de billets entre ses doigts - l'inflation a rendu les pièces inutiles -, il fait office de *radar arrière* du chauffeur dans les situations sans visibilité. De temps en temps, il prélève du doigt la mixture stimulante à base de chaux, qui accompagne le bétel, et dont il a constitué un petit dépôt discret dans un coin de la galerie porte-bagages, près de la porte. Un "aide-receveur" encaisse le prix de la course des clients accrochés à la galerie, sur l'échelle arrière et sur les parois latérales. En cas de marche arrière, il descend et transmet les informations de manoeuvre au chauffeur par son *sonar*, consistant en de puissantes claques codées, appliquées sur la carrosserie à l'autre extrémité du véhicule.

Bien souvent, il n'y a ni ligne régulière ni horaires. C'est celui qui enlèvera les clients à l'autre, avant l'arrêt suivant, dans une course-poursuite permanente entre au moins deux bus concurrents. Les dépassements ne sont possibles qu'en situation de risque : un rétrécissement de la chaussée précédant un pont ou l'arrivée d'un bus ou d'un camion en face. Cèdera, non le plus intelligent ou le plus prudent, mais le moins trompe-la-mort des deux chauffeurs. Il se rabattra une fraction de seconde avant le crash, sans que la moindre émotion ne soit perceptible parmi les passagers impassibles. Dans ces conditions, il est naturel de croiser un grand nombre de carcasses sur les bas-côtés et de considérer comme un moindre mal l'arrachement fréquent de panneaux entiers de carrosserie sur le côté droit du véhicule. La circulation se faisant à gauche, l'instinct de conservation recommande de s'asseoir côté talus, aux trois quarts arrière du véhicule.

À l'arrivée, je m'étonne toujours d'être le seul à remercier le chauffeur de m'avoir... épargné la mort, ou sauvé la vie. Il acquiesce en souriant.

Une ferroviaire cour des miracles

En saison sèche, les eaux peuvent être très basses et la navigation délicate. Les fleuves sont alors moins empruntés pour le transport de passagers. Un voyage de nuit m'apprit la manière dont le batelier anticipe tout risque d'échouage. Il évalue les vibrations de l'hélice et du bateau pour apprécier la profondeur de l'eau, l'hélice pouvant remuer la vase sans grand dommage. De la sorte, il maintient le navire au centre du courant, sans guère s'occuper des distances le séparant des rives. Il ne donne que quelques parcimonieux coups de phare avant de multiples accostages en pleine nature. Une planche, étroite car lourde et longue, relie le bateau à la berge et sert de passerelle. Dans une nuit presque noire, hommes, bêtes et bagages quittent le navire ou le gagnent dans le plus grand calme, sans nul éclairage et dans un impressionnant silence.

Le train est comparativement plus performant. Circulant dans sa grande majorité sur des voies métriques, il peut paraître rapide, car bruyant et vibrant sur des rails dont le parallélisme est souvent aléatoire. Pourtant ne faut-il pas, en saison sèche et en temps ordinaires, quatorze heures, dont trois sur le ferry franchissant le fleuve, pour relier deux villes distantes de trois cents kilomètres ?
Un voyage en train permet une intéressante approche du pays, abstraction faite de l'affligeant spectacle des gares et de leur environnement de décharge humaine. La mendicité est tolérée dans les wagons, à condition, m'a-t-il semblé, qu'elle soit *justifiée*. Probablement est-elle protégée par quelque mafia locale. Dans cette ferroviaire cour des miracles défile à longueur de voyage un échantillon de ce que le pays peut comporter d'infirmes et d'amputés, d'aveugles et d'estropiés, de manchots et de culs-de-jatte, souvent accompagnés d'enfants, pilotes et remorqueurs. Certains mendiants seraient de riches professionnels, entretenant jusqu'à sept femmes, dit la rumeur !

Lors de l'un de mes derniers voyages, le contrôleur surprit deux gamins en train de faire la manche. L'un avait le tort d'être valide, l'autre avait *seulement* le bras droit en moignon retourné. L'employé les houspilla durement, puis ouvrit la porte donnant sur la voie, dont le rideau était tiré, et les poussa vigoureusement au dehors, malgré leurs véhémentes protestations.

J'étais pour le moins stupéfait, imaginant le pire et sachant d'autant moins réagir que le signal d'alarme avait déjà été tiré deux fois et sans effet.

Pendant au moins une heure et malgré le froid accru par la vitesse du convoi, les deux gamins demeurèrent accrochés, je ne sais comment, à la partie extérieure de la porte, les pieds sur le marchepied en position escamotée ! Ils finirent, en frappant violemment contre la paroi, par se faire entendre, demandant à rentrer.

Frigorifiés et fatigués, ils s'installèrent au sol jusqu'au prochain arrêt, tout en continuant leurs bavardages.

L'avion est commode et relativement bon marché. Il permet une observation des arborescences fluviales du pays, superbe angiographie du coeur bengali, de sa moquette plantée de riz, de ses chemins de désert. Il nous renvoie également dans un environnement rapidement devenu étranger. En période de beau temps, il dessert quelques lignes intérieures, avec beaucoup d'honneur pour le passager : ne pose-t-il pas ses chaussures, au sortir de l'avion, sur un petit tapis - embarqué, puis déroulé -, avant de fouler le tarmac, et de joindre la sortie de l'aéroport, à pied !

Le train et l'avion sont aussi l'occasion d'une pertinente interrogation : encerclant des lopins de terre - si petits qu'ils ressemblent, vus d'avion, à un patchwork de timbres-poste -, à qui appartiennent ces immenses espaces plantés de riz en un seul champ, étalés sur des dizaines de kilomètres ? Traversons-nous réellement l'un des pays les plus pauvres et les plus peuplés du monde ?

La réponse à cette question illustre-t-elle la dérive de l'obscène sur enrichissement de quelques-uns, par l'absolue paupérisation de tous les autres ?

Sommes-nous réellement ainsi faits ?

Le Bangladesh

Les champs baignent dans la douce lumière du couchant. La plaine, qui s'étend à perte de vue, a des allures de moquette. Certains poètes l'ont chantée comme un tapis tissé dans les fils de l'espoir et de la vie.

Vie et espoir en dépit d'un profond dénuement. On le voit à mille petits signes, sur les marchés, dans la cohue de la rue au trafic chaotique, avec ses milliers de cyclo-pousse, ses taxis scooters surchargés et ses autobus cabossés. On le voit aussi dans les villages formés de huttes en bambou. Les habitants considèrent les étrangers avec curiosité et retenue ; ils accueillent leurs hôtes avec cordialité et hospitalité.

L'hymne national, écrit par le poète Tagore, célèbre le Bengale d'Or. Dans le passé, le qualificatif ne faisait pas seulement allusion à la couleur des champs de riz avant la récolte : les navigateurs du XVIe siècle rapportèrent qu'à Dhaka, l'or était si abondant que l'on préférait peser les pièces que de les compter.

Ce pays est inclassable, tant il est hors norme. L'on y côtoie en permanence la beauté des hommes et de la nature, mais aussi la misère d'un très grand nombre de familles.

Un pays d'eau

L'histoire de ce pays est l'histoire de ses fleuves : ils le modèlent, l'anéantissent et le reconstruisent. Ils sont aussi des artères vitales puisqu'ils servent au transport de plus des deux tiers de la marchandise. Le coeur de la vie bat sur l'eau, dans les rues, sur les marchés. Dans la campagne, le paysan se consacre au travail des champs, c'est-à-dire essentiellement à la culture du riz.

Les immenses fleuves qui descendent de l'Himalaya - le Gange, le Brahmapoutre et la Meghna - ont façonné le Bangladesh au cours des millénaires, pour lui donner son visage actuel. Des centaines de cours d'eau forment un lacis de plus de 24 000 kilomètres et quadrillent tout le pays. Même en période sèche, l'eau recouvre 8 % de la surface du pays, qui s'étend sur 144 000 kilomètres carrés. Au moment de la mousson, le débordement des fleuves et des rivières inonde 30 % de terres supplémentaires.
Les cours d'eau ont toujours été des voies de communication et aussi des obstacles souvent infranchissables par voie terrestre.

Raccourci historique

Les vestiges archéologiques attestent de la présence d'un peuplement à l'époque néolithique, soit 5 000 ans avant notre ère. La fertilité du pays a exercé un fort attrait sur les peuples étrangers qui ont fait du Bengale le creuset d'ethnies, de religions et de civilisations mélangées. Des ruines de monastères et d'édifices à caractère sacré rappellent la splendeur du bouddhisme, de nombreux temples témoignent de l'influence de l'hindouisme.

Coupé des grands centres de l'Inde par de larges cours d'eau, le Bengale a toujours été un pays de frontières difficile à soumettre. En l'an 326 avant Jésus-Christ, Alexandre le Grand s'est lui-même heurté avec ses armées à la résistance acharnée des souverains qui contrôlaient le delta du Gange. En 1224, l'armée du sultan de Delhi a conquis certaines parties de l'ouest et du nord du Bengale.

Au cours des deux siècles qui ont suivi, les lois de l'islam se sont imposées progressivement dans tout le Bengale. La nouvelle religion, qui promettait l'égalité devant Dieu à tous les hommes, a trouvé la majorité de ses adeptes parmi la population défavorisée. Celle-ci s'y est convertie avec enthousiasme, échappant de la sorte au système rigide des castes.

Le Bengale a suivi alors sa propre voie dans le sous-continent indien, tant sur le plan politique que culturel jusqu'à la fin du XVIe siècle. Tombé sous la domination des Moghols à cette époque, le pays est rattaché à l'administration centrale et sort de son long isolement. Jusqu'à la mort du dernier Grand Moghol en 1707, le Bengale est une province riche au sein de l'empire. La lutte pour la succession est remportée par les Anglais, qui avaient débarqué dans le pays vers 1650 pour y faire du négoce, par la Compagnie des Indes orientales. L'Inde et le Bengale sont colonies britanniques de 1757 à 1947.
Avant l'arrivée des Anglais, le pays était divisé en centaines de petits villages ou républiques villageoises, qui subvenaient à leurs besoins de manière plus ou moins autonome. Ces villages étaient peuplés de paysans et de toutes sortes d'artisans. Le Bengale était réputé pour ses très fines étoffes de mousseline.

On peut toujours admirer à Dhaka, dans un musée, un turban de 12 m de long et de 1,3 m de large qui - plié - trouve place dans une boîte d'allumettes.
Sous la domination coloniale, le pays a subi de profonds changements. L'instauration de la propriété privée a provoqué des tensions entre paysans et nouveaux propriétaires fonciers. Les structures anciennes se sont écroulées et les conflits entre hindous et musulmans n'ont cessé de s'accroître. Les filatures de coton, concurrencées par les produits importés, industriellement fabriqués en Angleterre, ont dû arrêter leur activité. Les connaissances nécessaires à la fabrication de la mousseline se sont perdues. Les villes se sont dépeuplées et le Bengale est devenu un pays agricole.

En 1947, à la suite d'émeutes sanglantes, la Grande-Bretagne a accordé l'indépendance au sous-continent indien. Le Bengale oriental est devenu une partie du nouvel Etat du Pakistan, le Bengale occidental et son centre économique Calcutta ont été attribués à l'Inde. Mais la religion musulmane, qui faisait le lien entre les deux parties du Pakistan distantes de 1 500 kilomètres, n'a pas suffi à les cimenter. Les exportations de jute fournissaient sans doute beaucoup de devises au Pakistan, qui se sentait pourtant le laissé pour compte de l'industrialisation. Un mouvement d'opposition s'y est constitué en 1952 déjà, il est parvenu à faire reconnaître le bengali - ou bangla - comme seconde langue nationale. Les inégalités croissantes entre les deux parties du pays ont finalement débouché en 1971 sur une guerre civile causant la mort d'environ trois millions de personnes. La victoire des bengalis a donné lieu à la création du Bangladesh, dont la première constitution entre en vigueur en 1972.

La population est musulmane à près de 90 %, environ 9 % des habitants sont hindous, 0,6 % bouddhistes et quelquefois aussi animistes et 0,3 % chrétiens. Plusieurs minorités ethniques sont établies dans le nord et le sud-est du pays.

Sécheresse, inondations et cyclones

Le Bangladesh est extrêmement sensible aux éléments naturels. Les cours d'eau, qui redessinent périodiquement la géographie du pays, sortent régulièrement de leur lit. Les Bengalis vivent depuis toujours au rythme des alternances entre la sécheresse et les inondations, et ont appris à faire face. Ces derniers temps cependant, des inondations d'une ampleur inimaginable ont englouti des villes, des villages et des terres, provoqué la mort de milliers de personnes et causé d'énormes dégâts. Les causes sont, d'une part l'augmentation de la population qui tend à coloniser des régions réputées inhabitables, et d'autre part, la déforestation : les pentes de l'Himalaya ne retiennent plus l'eau des pluies au moment des moussons.

Par ailleurs, de fantastiques cyclones s'amassent périodiquement au-dessus du golfe du Bengale. Ils perdent certes de leur puissance en pénétrant à l'intérieur des terres, mais provoquent néanmoins d'énormes dégâts. De formidables vagues quittent la mer pour pénétrer dans les régions plates du littoral, semant avec elles la mort et la désolation. L'abattage des mangliers a fait disparaître la faible protection qu'offrait cette végétation. Le Bangladesh est également menacé par l'effet de serre. Si le niveau de la mer devait s'élever - comme le pronostiquent certains climatologues -, des régions entières s'abîmeraient dans les flots pour toujours.

Explosion démographique et niveau de vie

De 1901 à 1961, la population de ce qui s'appelle aujourd'hui le Bangladesh est passée de 29 à 51 millions d'habitants. Elle a donc presque doublé en l'espace de 60 ans. Il ne lui a fallu que 24 ans pour ensuite se multiplier par deux et franchir la barre des 100 millions d'habitants. La population a été estimée à 153 millions d'habitants en 1995, et les prévisions tablent sur 180 millions de personnes en 2015, dans un pays quatre fois plus petit que la France.

L'âge tardif du mariage et l'augmentation du nombre de femmes qui exercent une activité professionnelle font espérer un ralentissement de la croissance démographique qui devrait passer des 2% actuels à 1,6 % en 2015. Les familles nombreuses, qui sont souvent les plus pauvres, ne s'expliquent pas simplement par l'ignorance. Le nombre d'enfants par femme est également en régression passant pour la période 1970 à 2005 de 6,2 à 3,2. Les parents savent pertinemment ce qu'implique une bouche supplémentaire à nourrir. Mais les enfants sont aussi utilisés comme main-d'œuvre presque gratuite et, en outre, l'unique gage de sécurité des personnes âgées.

L'espérance de vie est de 63 ans.

La mortalité infantile est l'une des plus élevée du monde et le poids des bébés à la naissance parmi les plus faibles. L'illettrisme est nettement plus élevé chez les femmes que chez les hommes.

Entre le tiers et la moitié des habitants vivent en dessous du seuil de pauvreté.

L'Indice du Développement Humain (IDH) du Programme des Nations-Unies pour le Développement (PNUD) intègre trois éléments clés dans son calcul : la longévité, le niveau d'éducation et le revenu.

Il situe le Bangladesh dans le dernier groupe de l'ensemble des pays du monde.

TABLE

Avant-propos et introduction .... 7 à 15

BERGERS DU FLEUVE 17

T'en souviens-tu ? 21
Que la terre est basse 24
La mer hale le fleuve vers le large 26
Un couple d'oiseaux avait tricoté son nid 28

Les Chars 31

Certaines familles quittent leur demeure 33
Les tibias au vent 36
Toutes ces saintetés 39
J'ai fui pour échapper au lynchage 42
Ici pèse tant la souffrance des hommes 44
J'entends le souffle des couples endormis 49
L'homme, fruit de la terre 51
Ils chantaient l'amour 53

Les Sundarbans 55

Je ne suis que passant 57
C'est superbe, ils sont juste à côté 59
De la sorte, il reste parmi les siens 60

REGARDS ET RENCONTRES 63

Le pauvre est pauvre afin que nous soyons secourus .. 67
Un bracelet au bras gauche, une jeune femme 70
Un peuple ancré dans la souche du vivant 72

Les Adivasi 75

Avec les Khasias, mastiquer la noix d'arec 77
Tomber nez à trompe sur papa éléphant 79
Des pierres et des hommes 81
Les Mandis-Garos : le matriarcat 83
Les Marmas : quel bonheur 86
Les plus beaux Mrus paraissent édentés 89
La peau des plus vieux 91
Un petit sceptre en argent 93

Les transports 95

L'employé les houspilla 95
Le rêve : peindre sur son véhicule le portrait de stars ... 97
Ce paquebot va, chaloupant sur ses roues 99
Une ferroviaire cour des miracles 101

Le Bangladesh 103

Un pays d'eau 103
Raccourci historique 104
Sécheresse, inondations et cyclones 106
Explosion démographique et niveau de vie 107

L'HARMATTAN, ITALIA
Via Degli Artisti 15 ; 10124 Torino

L'HARMATTAN HONGRIE
Könyvesbolt ; Kossuth L. u. 14-16
1053 Budapest

L'HARMATTAN BURKINA FASO
Rue 15.167 Route du Pô Patte d'oie
12 BP 226
Ouagadougou 12
(00226) 76 59 79 86

ESPACE L'HARMATTAN KINSHASA
Faculté des Sciences Sociales,
Politiques et Administratives
BP243, KIN XI ; Université de Kinshasa

L'HARMATTAN GUINÉE
Almamya Rue KA 028
En face du restaurant le cèdre
OKB agency BP 3470 Conakry
(00224) 60 20 85 08
harmattanguinee@yahoo.fr

L'HARMATTAN CÔTE D'IVOIRE
M. Etien N'dah Ahmon
Résidence Karl / cité des arts
Abidjan-Cocody 03 BP 1588 Abidjan 03
(00225) 05 77 87 31

L'HARMATTAN MAURITANIE
Espace El Kettab du livre francophone
N° 472 avenue Palais des Congrès
BP 316 Nouakchott
(00222) 63 25 980

L'HARMATTAN CAMEROUN
BP 11486
Yaoundé
(00237) 458 67 00
(00237) 976 61 66
harmattancam@yahoo.fr

Achevé d'imprimer par Corlet Numérique - 14110 Condé-sur-Noireau
N° d'Imprimeur : 76870 - Dépôt légal : février 2011 - *Imprimé en France*